Veridiano Sánchez Parreño

Independízate de tu nómina

Invierte en bolsa y pon tu dinero a trabajar

Autor: Veridiano Sánchez Parreño
Edición: 1ª Edición Febrero 2019
ISBN: 9781795290562

Sello: Independently published
www.independizatedetunomina.wordpress.com

Reservados los derechos. No se permite reproducir, almacenar en sistemas de recuperación de la información ni transmitir alguna parte de esta publicación, cualquiera que sea el medio empleado electrónico, mecánico, fotocopia, grabación, etc., sin el permiso previo de los titulares de los derechos de propiedad intelectual.

Agradecimientos

Escribir este libro no ha sido una tarea fácil, pero si algo ha costado de verdad, ha sido encontrar un título que diera sentido a la obra. Hay mucha gente a la que debo agradecerle su lluvia de ideas y consejos.

Si alguien destaca entre todos, esos han sido mis padres, el apoyo que me han brindado es difícilmente igualable desde el momento que, teniendo 16 años, mi padre me dejaba arriesgar el dinero de su cuenta de inversión para que aprendiera y a los ánimos que me daba mi madre cuando tenía alguna pérdida.

A Ismael Vargas, quien siguió acrecentando mi interés por la bolsa durante el curso del CIMAV al que pude asistir en la Universitat de València. Confirmo que es un gran formador dispuesto a ayudar en lo que haga falta.

Al excelente equipo de Rankia por hacerme un hueco en su portal y darle más visibilidad a mi blog.

A mis amigos, Manuel, Molina y Adolfo entre otros por desafiarme a tomar el reto.

A mi amigo Jorge Torres, socio de otros proyectos pero sobre todo, amigo e incansable emprendedor.

A Carlota Llopis y mi tío Julián, por ayudarme con el duro trabajo de las correcciones.

Por último, agradecer a mis antiguas compañeras de oficina, todos los ratos que han tenido y tendrán que escuchar hablar del libro.

Índice de contenidos.

1. Empieza tu momento, empieza a hacer bien las cosas. — 11
2. La Bolsa, mi opción preferida. — 19
3. ¿A qué estás esperando? Pasa a la acción. — 24
4. Un método para personas comunes, para ti, para mí y para mi madre. — 28
5. ¿Cuál es tu precio? ¿Cuál es tu objetivo? — 34
6. Deuda Buena, deuda mala, deuda buena, deuda mala, deuda... — 40
7. Tu dinero es lo más importante, mímalo y te mimará. — 48
8. Diseño de nuestro cuadro de liquidez, nuestra principal herramienta. — 49
9. Haz de tu broker tu mejor aliado, elige bien. — 59
10. No diversifiques más de lo que puedas controlar, solo tienes dos ojos. — 62
11. Crea tu núcleo duro y retenlo, añade las que destaquen. — 65
12. El modelo de inversión; sin pelos ni señales. — 70
13. No busques beneficios rápidos, haz una cartera a prueba de bombas. — 72
14. Encuentra oportunidades y aprovéchalas. — 78
15. Interioriza el modelo y ponte en marcha. — 87

16. Sigue aprendiendo. ¿Alguna pregunta? Un poco de todo.	88
17. Cuidado con las rebajas.	90
18. Reconoce cuando debes dejar marchar a un perdedor.	93
19. Si quieres especular, dedícate a la apuestas.	97
20. Profundicemos algo más en la diversificación.	101
21. ¡Vamos, controla el estrés, es Bolsa!	106
22. ¿Cuándo sube la bolsa y cuando baja?	111
23. Gana el juego de los impuestos.	117
24. La razón de esta segunda parte.	125
25. Descubriendo las opciones.	129
26. Criterios para seleccionar empresas. ¿Por qué unas si y otras no?	143
27. Estrategia con opciones Nº1. Venta de opciones Put a largo plazo.	166
28. Estrategia con opciones Nº2. Compra de opciones Call.	176
29. Estrategia con opciones Nº3. Compra de opciones Put.	181
30. Estrategia con opciones Nº4. Venta de opciones Call.	187
31. Estrategia con opciones Nº5. Roll - Over.	193
32. Arriesgando más con las opciones.	200

33. Haz crecer el modelo hasta que se retroalimente. 218

34. Hora de despedirse y pasar a la acción. 226

1. Empieza tu momento, empieza a hacer bien las cosas.

¿No crees que ha llegado el momento de poner tu dinero a trabajar? Comparto contigo en este libro todo lo que necesitas para entender cómo funciona la bolsa. Te hago llegar el método de inversión que utilizo personalmente y que en el momento de escribir este libro, consigue darme rentabilidades de entre el 9% y el 11% netas. Es un método que nada tiene que ver con la compra y venta de acciones tradicional. No busca la especulación de ganar dinero a corto plazo comprando a un precio para vender más caro. Te invito a que construyas una cartera de inversión sólida, con empresas que podrás comprar con descuento y que te darán un ingreso anual cada vez que la empresa pague dividendos. Te abro la puerta a que aprendas cómo funcionan las opciones financieras, instrumento desconocido por la mayoría de inversores particulares pero que resulta muy interesante para añadir una rentabilidad extra a tu cartera de acciones.

Comparto contigo el sueño y la motivación por alcanzar la libertad financiera, cuanto antes, mejor, así podrás disfrutar de más tiempo libre para compartirlo con la gente que quieres y hacer lo que realmente te apetezca. Debes tener en cuenta que no es un sprint, sino una carrera de fondo donde el esfuerzo diario, la disciplina y sobre todo, el dinero que aportemos al sistema, harán que la alcances antes o después. No es un todo o nada, empieza poco a poco, ahorra, invierte y ves cubriendo gastos de tu vida cotidiana con los ingresos extra que te genere el sistema de inversión.

Habrás escuchado a mucha gente decir que la bolsa es complicada, que casi todo el mundo pierde dinero y que por ello, es muy arriesgada. Te voy a enseñar que no es así y verás, que probablemente la bolsa es la mejor opción para rentabilizar tus ingresos y que la peor opción, es no hacer nada y perder poder adquisitivo año tras año mientras ves el coste de la vida subir de forma imparable. El único riesgo es hacer sin saber, y por eso, te animo a que te formes, a que leas este libro y veas cómo funciona la bolsa y las opciones financieras y además que sigas leyendo a otros autores, que localices blogs interesantes y que enfoques tu interés hacia las inversiones que te hagan sentir más a gusto. Al final, se trata de ganar dinero, disponer de más tiempo y tener una mejor calidad de vida.

Este libro no ha sido escrito por ningún gurú de los negocios ni por ningún genio de la inversión, tampoco verás la experiencia de ningún director de banca o gestor de fondos de inversión, este libro ha sido escrito por alguien normal para gente del día a día, donde nos englobamos la mayoría de las personas. Me parece más acertado poder contarte de tú a tú el mundo de la inversión y la libertad financiera. Soy una persona cualquiera como la mayoría de vosotros, con mi trabajo diario, no alguien manejando millones en Wall Street, por ello, creo que este libro puede tener más calado en la sociedad, ya que muestra a las personas de nuestro día a día, personas como tú, como yo, como mis vecinos, amigos y compañeros de trabajo que se puede conseguir ganar dinero en bolsa, desarrollar un sistema que funciona y conseguir la libertad financiera. Es algo que no puede quedarte lejos ya que probablemente, ganes más dinero en tu trabajo del que gano yo, o que puedas empezar con más dinero del que tenía ahorrado cuando empecé.

Si te has decidido a leer este libro, puede ser por dos razones: o bien me conoces personalmente y te he puesto en el compromiso de hacerlo, o bien has decidido preocuparte por tu futuro y empezar a hacer bien las cosas, si las dos coinciden, me alegro todavía más. La idea de escribir este libro surge a raíz de explicar a mis amigos cómo invierto en bolsa y las posibilidades que tienen de rentabilizar su nómina. La idea es que esto no quede en una explicación sin más, sino que sea una invitación para que des el paso y te lances a rentabilizar tu dinero, a conseguir unos ingresos extra cada mes, a tener una menor dependencia de tu nómina.

Este libro puede servir de guía a mucha más gente, incluso el momento perfecto para leerlo sería antes de acceder por primera vez al mercado laboral. No hace falta tener conocimientos de economía o empresa, ni tampoco tener estudios universitarios. Yo empecé con 16 años y con la cuenta de mi padre, por supuesto, perdí dinero al principio, me llevé buenos sustos y también momentos interesantes, pero todo ello, con un capital pequeño, supone poco de todo. Después de haberme llevado más de un golpe, fui mejorando mi modelo de inversión, continué formándome y pasé por distintas fases e instrumentos de inversión. Recuerdo mi primer año de universidad suspendiendo la mitad de las asignaturas pero operando con futuros del mini Ibex, demasiada volatilidad aun cuando tienes 18 años, cada punto que subía o bajaba el índice, mi cartera ganaba o perdía un euro, (por cierto, para los que os preguntéis que pasó, recuperé todas en junio y julio).

Ese momento en que todavía vives con tus padres y la mayoría del dinero que ganas es para ti, ese momento en que tus gastos son los que decidas tener, es el momento perfecto para empezar con el modelo. Casi con toda seguridad, no tendrás mayor capacidad de ahorro y flexibilidad en los años que vengan por delante, cuando tengas que empezar a pagar coche, casa, comida... Si eres de los afortunados que todavía están en esta situación, lo tienes muy fácil para empezar.

Como decía, no hace falta formación superior, sino tener ingresos y gastar lo necesario, tener ganas de hacer algo importante de cara al futuro. Hay personas que con formación profesional, o autónomos sin formación universitaria, ganan más dinero que muchos universitarios recién titulados, por ello, los estudios no afectan al modelo. Lo principal, es tener conciencia de que se quiere ser libre, alcanzar la libertad financiera, tener unos ingresos extra que crezcan mes tras mes y que algo que comienza como ingresos extra, pueda acabar siendo el salvavidas en caso de irnos al paro, la pensión que merecemos o esa carta que nos permita retirarnos antes de tiempo.

Por otro lado, hay un grupo de personas a las que creo el libro les resultará muy interesante y les ayudará a pensar de cara al futuro, al futuro de sus hijos. Si eres padre o tienes pensado serlo, hay dos cosas que pueden ser el mejor legado que puedas dejarles: que estudien lo que realmente les guste, y que sepan cómo funciona el mundo del dinero, lo mucho que cuesta ganarlo con el esfuerzo de trabajar cada día y lo gratificante que es ponerlo a funcionar para que nos genere ingresos extra. No hay nada de malo en hacer que les guste el dinero, que quieran tenerlo, que quieran tener cada vez más. Por ello, es importante que los padres leáis este libro para que así, podáis trasmitirles los valores del dinero y sobre todo la idea de conseguir la libertad financiera. Enseñarles a ganar ese dinero extra pero sobre todo, a no malgastar, a no tomar decisiones ruinosas como puede ser la compra temprana de una casa, que conlleva endeudamiento de por vida, puede ayudarles a tener media vida resuelta de cara a su incierto futuro.

Hay gente, que quizá no quiera arriesgar tanto, que piense que simplemente quiere quedarse en unos ingresos extra cada mes y que no quiere destinar grandes cantidades a la inversión. Bueno, si te encuentras en esa situación, no hay nada de malo en aportar una menor cantidad a tu sistema de libertad financiera. De hecho, puede que al principio puedas aportar una cantidad más grande y que después, esta cantidad sea menor, ésto no te supondrá un problema, pues podemos hacer que el sistema se retroalimente, al igual que si compras un local comercial y lo alquilas, este alquiler se podría revalorizar con el IPC. Muchas empresas aumentan el dividendo año tras año a la vez que aumentan sus beneficios y además, si reinviertes los dividendos y primas acumulados durante el año, tu cartera y por supuesto, tus ingresos, serán mayores al año siguiente sin necesidad de desembolsar más dinero que el que ya genere tu sistema.

Estoy seguro de que tu voluntad y tus deseos se encuentran en línea con lo descrito anteriormente, si no fuese así, pero sigues queriendo ganar un dinero extra y preparar un buen proyecto de vida, te aconsejo que leas el libro igualmente. Yo empecé el sistema con la intención de tener coche sin tener que poner ni un euro de mi bolsillo, una vez conseguido, el siguiente paso es poder comprar una vivienda cómodamente sin tener que destinar dinero de mi nómina a pagar la letra de la hipoteca y espero, que una vez pagada, ese dinero pueda constituir una buena pensión extra. No obstante, mi objetivo deseado, es poder retirarme entre los cuarenta y los cincuenta años para poder emplear mi tiempo en hacer lo que realmente me apetezca y estar con la gente que quiero.

Entiendo que el libro pueda parecerte corto y que a priori, pueda hacerte pensar que no vas a descubrir gran cosa. Todo lo contrario, soy conocedor de lo complicada que parece la bolsa al principio y como lector habitual de la materia, considero que un libro de 300 páginas podría suponer una montaña difícil de escalar. Por ello, he preferido eliminar toda la paja posible y dejar solamente aquello que de verdad te va a enseñar cómo funciona este mundo y te va a dar ánimos para que pases a la acción.

Ante todo, deseo que disfrutes con el libro como disfruto yo creando mi cartera de valores, lo he escrito con mis mejores intenciones y mi experiencia personal.

"Los ricos compran los lujos en último lugar, mientras que los pobres y la clase media los compran primero"

Robert Kiyosaki

2. La Bolsa, mi opción preferida.

Lo importante es ganar dinero extra de manera legal cada mes a parte de nuestra nómina, no importa cómo lo hagas, habrá quien prefiera por ejemplo el alquiler de viviendas, comprar una embarcación para alquilarla, o quien prefiera comprar plazas de aparcamiento. A mí personalmente, me gusta la bolsa. Esto no quiere decir que sea el mejor camino para conseguir la libertad financiera, pero sí el que más cómodo me hace sentir. Con ello, quiero decir que la mejor opción es aquella que consigas manejar por encima de la media, aquella que te suponga menos riesgo y te haga sentir seguro teniendo tu dinero invertido.

La bolsa tiene unas ventajas que no tienen otros activos, te da la posibilidad de empezar con poca cantidad; en cambio, si por ejemplo decides comprar una casa, tendrás que desembolsar una suma enorme en caso de que decidas pagarla al contado. Si por el contrario, decides contratar una hipoteca, tendrás deuda durante muchos años, no obstante, es cierto que estás apalancado con el dinero del banco, pues siempre que te presten dinero a un tipo de interés más bajo del que recibes por tu inversión, será una buena jugada, aunque, tienes que tener en cuenta los intereses pagados durante tantos años. Además, es muy probable que no te concedan una hipoteca por el valor del precio total de la vivienda más los gastos y los impuestos, así pues, tendrás que desembolsar una parte elevada también. La bolsa por su parte, es gradual y escalable, puedes empezar con mil, con diez mil o con un millón de euros. En mi caso, empecé con tres mil euros y mes a mes voy aportando parte de mi sueldo, hay veces, que si no veo ninguna posición interesante, simplemente lo retengo en la cuenta de mi banco y posteriormente transfiero una cantidad mayor.

Otra de las ventajas por las que la bolsa se presenta como la opción más atractiva para mi estilo de inversión, es la posibilidad que me da el fraccionar las inversiones, como decíamos antes, comprar un inmueble para alquilarlo puede llevarse la totalidad de nuestro dinero en un solo activo, incluso dinero prestado, por lo que todo el riesgo y todo nuestro dinero invertido se sitúa en una sola cesta, si ésta se rompe, todos los huevos caen al suelo y se rompen. En la bolsa puedes dividir tanto como quieras sin importar la cantidad de dinero que tengas invertido, puedes comprar una sola acción de la empresa o miles de euros de la misma, puedes comprar varios sectores o puedes comprar todas las empresas del sector. Para haceros una idea, podrías comprar las 35 empresas del Ibex 35 y tener una acción de cada una de las empresas que lo componen en cartera. De esta forma, algunas irán mejor y otras irán peor, algunos sectores serán más favorables al ciclo económico que les toque vivir y otros menos, pero no todas las empresas irán en la misma dirección.

A día de hoy no he encontrado ningún tipo de inversión lo suficientemente interesante que me garantice una mayor liquidez que la bolsa. ¿Qué considero liquidez? La facilidad de convertir un activo en dinero, o dicho de otro modo, si quiero vender algo, cuánto tiempo tardo en hacerlo billetes. Todos os hacéis una idea del tiempo que se tarda en vender un piso o una plaza de aparcamiento, sin embargo, las acciones se venden en cuestión de segundos, es más, en cuestión de dos clics de ratón y en un par de días como mucho, puedes tener el dinero disponible en tu cuenta bancaria. No vamos a valorar si se venden con beneficios o pérdidas, igual que ocurriría con un inmueble. Hablamos de que en caso de necesitar el dinero por la razón que sea, podamos tenerlo a tiempo.

Por último, no olvidemos la rentabilidad. Puede que seas un crack realizando otras actividades que te reporten beneficios, como por ejemplo: comprar coches usados para repararlos y venderlos después por una suma mayor de dinero, puede que detectes plazas de garaje en zonas donde habrá problemas de aparcamiento o puede que tengas un talento sobrenatural para encontrar viviendas infravaloradas y que puedas vender a un precio mayor o dedicarlas al alquiler, si es así, olvídate por completo de la bolsa y de este libro y dedica tu tiempo, energía y dinero a lo que mejor se te da. Por supuesto que vas a poder aprender a invertir en bolsa y alcanzar con ello la libertad financiera, tras leer mi experiencia y forma de hacer las cosas, estarás más cerca. En mi caso, suelo acertar a la hora de elegir empresas y es algo que me apasiona además de darme una buena rentabilidad, mi idea es consolidar una cartera de forma que entre los dividendos que pagan las acciones y las primas ingresadas por las opciones, consiga una rentabilidad anual neta de entre el 9% y el 11%. Es un objetivo ambicioso visto los tiempos que corren en el momento de escribir el libro, con tipos de interés casi negativos y con los bancos sin ofrecer remuneración alguna por nuestro dinero. No obstante, es una rentabilidad que por el momento estoy consiguiendo cumplir y que por lo tanto, queda demostrado que está al alcance de todos. Como comento, esto no quiere decir que el resto de inversiones o activos no sean adecuados, pero como explicaré más adelante, considero que la inversión en bolsa es la primera piedra para alcanzar la libertad financiera ya que es el camino más fácil de comenzar y está al alcance de todos. En mi caso, así ha sido y así he empezado, cuando alcance el objetivo que tengo en mente a nivel de ingresos mensuales de primas y dividendos, lo más probable es que incluya otro tipo de activos, seguramente, me adentre en el sector inmobiliario.

"Las acciones representan la mejor manera de acumular riqueza a largo plazo"
Jeremy J. Siegel

3. ¿A qué estás esperando? Pasa a la acción.

No pierdas el tiempo, cada día que pasa es un día que tu dinero no está trabajando para ti. No importa con cuánto dinero empieces, si te da vértigo, destina una pequeña cantidad hasta que ganes experiencia y confianza pero empieza enseguida. Te vas a equivocar, es probable (si no lo haces, eres de otro mundo) pero cuanto antes te equivoques, más años tienes por delante para recuperarte. No es lo mismo tener una segunda oportunidad con 25 que con 50 años. Si empiezas de joven, seguramente tengas una capacidad de ahorro mucho mayor que de adulto, cuando tendrás otras responsabilidades. Si vives con tus padres, deberías de tener un ahorro por lo menos equivalente al 80% de tu sueldo. Si cuando eres joven pones a "trabajar" tu dinero, éste irá haciendo su "trabajo" y se incrementará de forma automática; cuando pasen los años, te darás cuenta de que al principio las cosas van lentas, pero después, cogen velocidad.

La libertad financiera se alcanza a partir de dos ingredientes clave: tiempo y dinero. Unas personas ponen más dinero porque empiezan tarde o porque gozan de los recursos y otros que no tienen ingresos tan elevados, ponen tiempo. En función del tiempo (por ejemplo, los años que tengamos nuestro dinero "trabajando") podremos retirarnos unos años antes o unos años más tarde, entonces, cuanto antes empecemos, más tiempo tendremos nuestro dinero "trabajando" y por tanto menos cantidad tendremos que aportar, lo cual reduce el riesgo de la operativa además de facilitar la realización de aportaciones periódicas.

Por otro lado, tenemos el efecto mágico del interés compuesto. Cuentan, que una vez preguntaron a Albert Einstein cuál era la fuerza más poderosa del universo, y el genio contestó "el interés compuesto".

En la siguiente gráfica, podemos ver la progresión del interés simple y del interés compuesto.

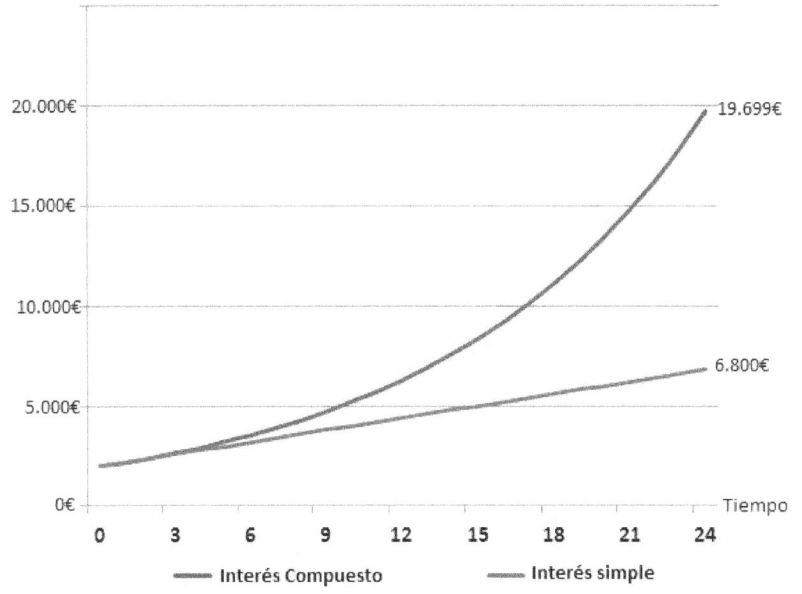

Como puedes observar, durante los primeros años no hay gran diferencia en el capital acumulado independientemente del interés utilizado. Se habla en todas partes de las bondades del interés compuesto y estoy de acuerdo. No obstante, os lo resumiré. El interés compuesto consiste en reinvertir los intereses generados. En mi caso, lo que hago es dejar en la cuenta de mi broker los dividendos cobrados de las acciones y las primas ingresadas, de esta manera, me permite comprar nuevas acciones sin necesidad de aportar dinero extra de mi bolsillo, así al año siguiente, los dividendos cobrados o las opciones vendidas serán mayores por lo que mis ingresos mensuales aumentarán respecto al año anterior.

Si además de reinvertir las primas y los dividendos cobrados, realizamos aportaciones mensuales, los ingresos aumentarán de forma considerable y estaremos cada vez más cerca de conseguir nuestro objetivo. Lo que pretendo que entiendas, es lo importante que resulta poner a "trabajar" un capital cuando eres joven. Imagina la cantidad de intereses y primas que puedes haber ganado y reinvertido durante por ejemplo, 40 años, si estás pensando en conseguir una jubilación suficientemente elevada. Ocurre lo mismo con los planes de pensiones (instrumentos de inversión por los que no comparto ninguna simpatía), deben contratarse cuando se es joven y se puede empezar aportando pequeñas cantidades ya que en ese momento, el esfuerzo es mínimo y prácticamente, cualquier persona puede hacer frente a esas cantidades y poner su dinero a trabajar durante muchos años. La gente intenta contratar un plan de pensiones cuando ya ha cumplido cuarenta años lo cual es un mal momento pues quedan pocos años hasta la jubilación y la cantidad de dinero que habrá que aportar en proporción es mucho mayor. Recuerda que es una regla que se basa en relacionar dinero aportado y tiempo, si ponemos poco de uno, tendremos que poner más de otro.

Casi lo olvidaba, ¿Qué por qué no me gustan los planes de pensiones? Creo que no hay nadie mejor que uno mismo para gestionar su propio dinero. Los intereses de los gestores de planes de pensiones pueden no estar alineados con tus intereses, además, verás en los próximos capítulos cómo resulta más fácil de lo que crees gestionar tu patrimonio, cómo compensa tenerlo disponible y controlado en todo momento y ahorrar en comisiones, sin mencionar, que probablemente tendrás una mayor rentabilidad que ellos.

"El interés compuesto es la 8ª maravilla del mundo, quien lo entiende, lo gana; quien no, lo paga"

Albert Einstein

4. Un método para personas comunes, para ti, para mí y para mi madre.

Como compartía contigo en el inicio del libro, cualquier persona es capaz de aprender a gestionar su dinero, de moverlo y de hacerlo crecer. El sistema que yo sigo para operar en bolsa también puede emplearlo cualquier persona, independientemente de la edad y los estudios que tenga. Es sencillo y simplemente hace falta tener interés por la gestión del dinero y voluntad. ¿A quién no le gustaría poner su dinero a trabajar para ganar un dinero extra cada mes? Por supuesto que a todo el mundo, en los próximos capítulos te mostraré como lo hago yo desde mi portátil. Es cierto que me he formado, he leído mucho y me encanta seguir leyendo artículos de negocios, leo reportes de empresas e intento seguir las noticias económicas cada día, leo también dos o tres blogs sobre inversiones y he operado con distintos instrumentos financieros antes de centrar mi operativa en la venta de opciones financieras. Con este libro, no vas a evitar revisar la prensa económica ni leer los reportes financieros de algunas empresas, igual que espero, aumente tu interés por el mundo de las finanzas y la gestión del dinero. No obstante, puede darte dos cosas muy importantes; el empujón que te hace falta para lanzarte a hacer crecer tu dinero y el camino directo hacia un modelo de inversión que resulta ser rentable y apto para todo tipo de personas. Básicamente, operando con la venta de opciones financieras de la forma que lo hago yo, lo que se consigue es comprar las acciones que queremos tener en cartera con descuento, ni más ni menos, por lo que si no hacemos ninguna barbaridad, estaremos operando de forma más segura y por tanto, con menor riesgo que comprando acciones al mercado. Invertir en bolsa no tiene por qué ser arriesgado estoy seguro que conoces gente que ha comprado acciones alguna vez independientemente, de que haya ganado o perdido dinero.

A pesar de todo esto, si vas a iniciarte en el mundo de las inversiones, creo que debes conocer los principales riesgos asociados a la operativa, y sobre todo, los riesgos que conlleva la operativa de los dos tipos de opciones que venderemos.

El principal riesgo con el que podemos encontrarnos, es que la empresa de la cual tenemos acciones o sobre la cual hemos vendido opciones financieras quiebre y el valor de sus acciones se vaya a cero euros. Estas situaciones no son difíciles de evitar, aunque no podemos adelantar posibles escándalos financieros en alguna compañía, como pasó con la empresa LET'S GOWEX, S.A. Por lo general, invirtiendo en empresas grandes y serias no debe pasar esto. En el momento de escribir estas líneas, la empresa de supermercados DIA se encuentra atravesando malos momentos en bolsa y el valor de sus acciones ha caído más de un 40% en lo que va de año, sinceramente no sé cómo acabará, pero lo que sí sé, es que a mí no me pillará dentro, pues las empresas en las que opero, son relativamente estables, ya que tienen negocios predecibles y beneficios contrastados durante muchos años.

Otro riesgo asociado a la operativa, se puede dar cuando el precio de las acciones cae mucho y no nos permite salir con beneficios cuando queramos. Bueno, puede pasar, pero mientras la empresa gane dinero y reparta dividendos, podremos estar tranquilos. Operando con opciones, reducimos el precio de compra, por lo que pagamos menos por las acciones que compramos y de esa manera reducimos el riesgo al poner menos dinero.

Básicamente, esos son los dos riesgos asociados: quiebra de la empresa que tengamos en cartera o la caída de precio de forma que no podamos salir en beneficios cuando queramos. Por supuesto hay algunos más: acontecimientos externos a la propia empresa, como sería una guerra militar o comercial; subida en los precios de las materias primas; decisiones de los bancos centrales; cambios en el ciclo económico o una nueva recesión. No obstante, todos ellos causarían, en caso de afectar a nuestra empresa, uno de los dos escenarios expuestos arriba.

Lo que creo debes tener claro desde el principio y vas a leer más de una vez seguro, es que la operativa mediante la venta de opciones, si se hace con cabeza, si se hace sin ánimo de especular, sino de construir una buena cartera de acciones, de cara a alcanzar la libertad financiera, entonces tiene menor riesgo que comprar las acciones a mercado como hace la mayoría de gente que quiere obtener algo de rentabilidad por sus ingresos.

Tú vas a ser tu mayor enemigo y el que más riesgo tiene de poner el sistema en jaque. Piensa que si tienes todo tu dinero invertido y de repente lo necesitas, puede que tengas que vender acciones a pérdidas y cerrar algunas opciones sin haber llegado a beneficio, por ello, es conveniente como verás en el capítulo de la gestión de la liquidez y el dinero, que es muy importante saber cuánto dinero podemos destinar a nuestra operativa, cuánto dinero vamos a tener en cada momento y qué parte de nuestros ahorros y nuestro dinero podemos destinar a la inversión.

Algunos de los autores que sigo en distintos foros, recomiendan crear un colchón de liquidez que nos ayude a superar cualquier adversidad que pueda surgir en nuestro camino para alcanzar la libertad financiera. En mi caso, mis gastos son mínimos y no me imagino un colchón financiero de más de 2.000€, pues no tengo grandes gastos, tengo un trabajo bastante estable y prefiero dedicar a inversiones el mayor dinero posible. La idea del colchón financiero consiste en apartar una cantidad de dinero que nos permita seguir con nuestra vida sin necesidad de tener que desmontar nuestro sistema de inversión, evitando a toda costa recurrir a dinero prestado o empezar a presentar impago en nuestros compromisos financieros como por ejemplo: el alquiler de nuestra vivienda, la cuota de nuestra asociación local, los viernes de cervezas con los amigos o las facturas de la luz.

Personalmente, decía que tengo un colchón financiero bastante bajo debido a que los gastos mensuales de mi día a día son mínimos. No obstante, se recomienda que por lo menos pueda cubrir los gastos de seis meses. Este colchón debe considerarse un salvavidas para que durante ese tiempo donde los ingresos puedan verse mermados o reducidos a cero por un despido laboral, el cierre de una empresa o por una enfermedad, podamos continuar haciendo frente a nuestros gastos, aunque el primer día de perder nuestra fuente de ingresos, debemos empezar a buscar la manera de recuperarla, buscar un nuevo empleo que sustituya al anterior si ese ha sido el caso y al mismo tiempo, tendremos que ver la forma de reducir nuestra estructura de costes hasta que seamos capaces de recuperar nuestro nivel previo de ingresos. Personalmente, creo que deberíamos tener un plan para reducir parte de nuestra posición invertida si fuera necesario; por ejemplo, tener localizadas algunas acciones de nuestra cartera cercanas al precio de compra para así reducir el pago de impuestos y no tener una reducción de liquidez en un momento crítico, o acciones que podamos comprar más adelante sin dificultades de variación en el precio. Es importante estar preparado y tener la situación estudiada para que en el momento que sea necesario, podamos retirar dinero de nuestro sistema de inversión. Por eso me gusta la bolsa más que cualquier otra herramienta para conseguir la libertad financiera, ya que te permite salir en cuestión de segundos y conseguir liquidez si es necesario.

"Invertir es simple, pero no es fácil"

Warren Buffett

5. ¿Cuál es tu precio? ¿Cuál es tu objetivo?

La expresión "todo el mundo tiene un precio" es suele ser cierta en la mayoría de los casos porque al fin y al cabo, lo que nos mueve es el dinero. En este libro no buscamos ganar una gran cantidad de dinero de golpe, sino crear un sistema de inversión que nos permita ganar dinero de manera recurrente mes tras mes. Es muy importante que tengamos claro cuál es nuestro objetivo, cuál es nuestro precio, qué cantidad buscamos obtener y cuándo vamos a parar. Hay que tener disciplina para no desviarnos del camino.

A nivel personal el objetivo es alcanzar los dos mil euros de ingresos mensuales de mis inversiones para obtener la libertad financiera y no depender de los ingresos de una nómina para vivir. Cada uno puede tener un objetivo, habrá quien haya heredado una casa y con mil euros al mes le sobre para cubrir sus gastos, otras personas pueden preferir vivir en zonas donde el coste de vida sea menor que en las grandes urbes o incluso moverse a otros países. La idea es identificar qué cantidad de dinero vas a necesitar ingresar mensualmente para vivir el resto de tu vida.

Por supuesto, no hay que hacerlo de golpe ni tener objetivos solo a largo plazo, la libertad financiera debe ser el objetivo final, pero por medio, debe haber objetivos a corto plazo. En mi caso, el primer objetivo a corto plazo empezó siendo un ingreso extra que complementara mi sueldo y poder costearme la compra de un coche sin necesidad de poner un solo euro de mi nómina, es decir, la intención era comprarme un coche y seguir teniendo todo mi sueldo disponible. A esto, le siguió poder costear el seguro, mantenimiento e impuestos del vehículo. Por lo que cuando alcancé esa cifra mensual, saqué un vehículo de renting (de lo único que tengo que preocuparme es de echarle gasolina) y en la cuota, se incluían todos los gastos derivados. Como ves, primero conseguí el ingreso y después, me puse el gasto, en ningún momento hay que sacrificar parte de nuestro ahorro o ingresos por un capricho o por un nuevo gasto. Hay que retrasar éstos lo máximo posible. Mi próximo objetivo, es conseguir suficiente dinero para pagar un alquiler o una hipoteca. En un principio, y los que me conocen lo saben de sobra, me decantaba por el alquiler, es decir, conseguir la cantidad de dinero suficiente por mis ingresos pasivos y buscar un alquiler que pudiese costear. Esta idea venía a mi cabeza porque no quería descapitalizarme pagando la entrada y los impuestos de la compra de una vivienda. Después, pensé que podría alcanzar más fácilmente el importe de una hipoteca al ser menor que un alquiler y ahorrar tres o cuatro años para dar la entrada de la vivienda, aunque tuviese que dejar de aportar nuevo dinero a mi sistema de inversión durante esos años y ahorrar al máximo. La idea de decantarme por la compra, es muy sencilla. Una vez pagada la hipoteca después de 40 años, los ingresos que volverían a quedarme disponibles serían utilizados como complemento para mi pensión.

Así planifico yo el objetivo a largo plazo para conseguir la libertad financiera y los múltiples objetivos a corto plazo que me ayudarán a no salirme del camino y me permitirán ir viendo mi progreso. La carrera puede parecer dura y larga, incluso serlo en algún momento. No obstante, conforme vayamos alcanzando objetivos a corto plazo, podremos ir saboreando los frutos del esfuerzo y del trabajo bien conseguido.

Cuando comentaba que he sacado un coche de renting, he olvidado dar un detalle importante, es un utilitario que cumple sus funciones sin lujos excesivos, hay que ir a lo práctico y hoy en día, cualquier coche cumple con su cometido. Aquí, quiero hacer referencia a la obra de Luis Pita que se titula "Ten peor coche que tu vecino" y creo que resume a la perfección la filosofía que debes llevar. Estoy rodeado de gente que con su primer trabajo se compra un Mercedes, un BMW o un Audi, que se dedica a viajar constantemente y a comprarse teléfonos móviles que valen casi lo mismo que una mensualidad de su sueldo. No cometas semejante error, vive con los pies en el suelo y búscale la parte práctica a las cosas. Piensa en la utilidad que le vas a dar a aquello que adquieres y qué funciones tiene que cubrir. Por supuesto que a ti, a mí y a todo el mundo nos gustaría ir a trabajar antes en un Mercedes que en un Ibiza, no obstante, el provecho que le voy a sacar al coche es el mismo, trabajo a 20 km de mi casa, si hubiese oportunidad de ir en transporte público, lo haría. Lo mismo ocurre con el teléfono móvil, puedes comprarte el último Iphone o un móvil estándar de entre 200-250€. Las funciones que utilices, muy probablemente se resuman en Whatsapp, llamadas, mapas, mail y navegar por internet o utilizar aplicaciones. Salvo que lo necesites para trabajar y el móvil tenga que aguantar algún software especial, cualquier terminal que venden en el mercado por esos precios cumplirá de sobra tus funciones.

Lo mismo que hemos visto con el móvil y con el coche, se puede aplicar a muchas cosas, como pedir un préstamo para irse de vacaciones. Al ser humano le gusta aparentar, mostrar que le va la vida mejor que al vecino, que tenemos el último modelo de todo. El problema es que detrás de esa fachada, la mayoría de veces encontramos montañas de deuda que pueden llegar a ser impagables. Una cosa es pedir una hipoteca para comprar una vivienda y otra muy distinta es pedir préstamos para pagar cosas que no necesitamos. Si decides vivir a base de deuda y comprar las cosas pagando elevados intereses en vez de ahorrar para invertir ese dinero y conseguir ingresos extra, te verás atrapado de por vida, pues conforme ingreses la nómina de tu trabajo, tendrás que retirar dinero para pagar la deuda que tengas y los intereses que habrás contraído por tomar gastos innecesarios. Esto se llevará una parte importante de tu sueldo, a continuación vendrán los gastos rutinarios de tu día a día, gastos de primera necesidad, a continuación, algún gasto imprevisto y espero que a continuación, puedas ahorrar algo para el colchón de emergencia, por lo que dudo mucho que te quede una cantidad importante para destinar a inversión. Así que conforme vayas leyendo el libro, acuérdate y toma las decisiones correctas, evita los gastos innecesarios hasta que puedas cubrirlos con ingresos extra y en caso de que tengas que incurrir en esos gastos, hazlo con cabeza, cubre tu necesidad como veíamos en el ejemplo del coche y no te dejes llevar por la envidia, por lo que hagan el resto de personas de tu entorno o por lo que te apetezca en ese momento. Vive dentro de tus posibilidades y con un ojo puesto en el futuro que vendrá por delante. ¿Sabes por qué estoy tranquilo con mi renting de 225€? Porque si mañana mismo me veo forzado a dejar mi trabajo, podría seguir haciendo frente a la cuota contraída de 225€ con los ingresos de mis acciones.

"El tiempo es tu amigo, las emociones tus enemigas"

John Bogle

6. Deuda buena, deuda mala, deuda buena, deuda mala, deuda…

A priori y aunque no hubieses leído el título del capítulo, seguro que de entrada la deuda te asusta y te suena realmente mal. En los medios de comunicación se habla constantemente del endeudamiento de las familias, en la prensa económica puede leerse con frecuencia que cierta empresa está endeudada y no puede hacer frente a los vencimientos de la deuda, que la deuda de las tarjetas de crédito es destructora, etc. Es cierto que la deuda puede ser demoledora y puede costar mucho superar situaciones de endeudamiento, pero también es cierto que hay deuda buena. La cuestión es saber cuándo contraer una deuda y con qué objetivo. ¿Pero Veri, no decías en capítulo anterior que viviéramos dentro de nuestras posibilidades y evitáramos vivir a base de deuda? Sí, porque esa es deuda mala, muy mala pero también te digo que contraigas deuda buena, deuda que te haga ganar dinero. Con la deuda se pueden comprar activos, pasivos o humo, y ahora te explicaré las diferencias, pero primero definamos de forma sencilla estos tres conceptos. Por supuesto en el mundo de los negocios y la contabilidad la definición es más extensa pero yo prefiero mostrártelo desde el lado práctico y algo más sencillo.

Activos, para mí, todo aquello que adquieres, te regalan o donan y te hace ganar dinero. Por ejemplo, la compra de acciones que pagan dividendos, son un activo ya que te hace ganar dinero ingresando los dividendos. Para los que les guste el sector inmobiliario, un piso que se compra para destinarlo al alquiler y recibir rentas, sería un activo, un barco que compras para alquilarlo en regatas o cruceros, hace la función de activo, lo mismo con un coche para alquilar o un apartamento en la playa. Hay gente que prefiere montar una empresa y contratar a gente para que trabaje bajo sus órdenes, probablemente, este sea el tipo de activo que mayor dinero puede retornarnos (el trabajador autónomo autoempleado se quedaría fuera, pues sin su trabajo y su tiempo, se dejaría de ingresar dinero). En resumen, todo aquello que introduce dinero en tu bolsillo o tu cuenta corriente.

Pasivos, como imaginas, es lo contrario al activo, todo aquello que compramos, nos regalan o donan, es decir lo que nos hace perder dinero o mejor dicho, lo que nos cuesta dinero cada mes, o cada año. Por ejemplo, si en los activos, el piso que comprábamos para alquilar nos daba dinero, en este caso, el piso en el que vivimos, sería un pasivo, (a pesar de que mucha gente lo considere una buena inversión, realmente no es una inversión, sino la compra de un pasivo) pues nos estaría costando dinero todos los meses, ya sea con el pago de la hipoteca o alquiler, los gastos de comunidad, desperfectos que puedan surgir, etc. Otro ejemplo de pasivo, sería adquirir un coche, a parte de la cuota mensual de la compra, o la cuota del renting, nos encontramos con el gasto en gasolina, reparaciones, impuestos… Más ejemplos: el barco que nos compramos para tener amarrado y salir esporádicamente o el apartamento de verano.

Humo, en esta categoría me gusta incluir todo aquello que adquirimos pagando un dinero, es decir, que nos cuesta dinero y que una vez consumido, no queda nada. Si los pasivos eran algo que adquiríamos y nos costaba dinero de forma periódica porque seguíamos poseyéndolo, en este caso no nos quedará nada, ojo, esto no quiere decir que tengamos que prescindir de todo, yo no perdono las cervezas de los viernes con mis amigos aunque sean humo, aunque pague por ellas, me las tome y después ya no nos quede nada físico. En esta categoría, incluiremos por ejemplo, subscripciones a canales de televisión o internet, salir a cenar, unas entradas para el cine, entrar a una discoteca, subscripciones a asociaciones, compra de tecnología, etc.

Una vez vistos los tres destinos hacia donde puede ir nuestro dinero, veamos en la práctica lo que tendríamos que hacer:

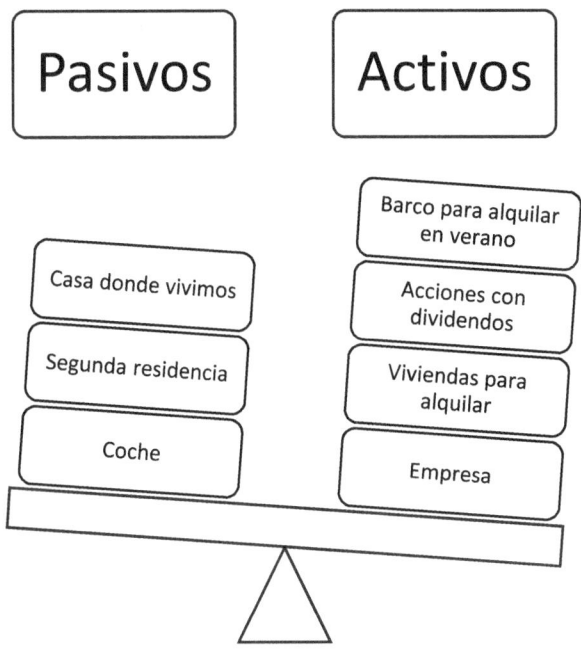

La clave, como se ve en el gráfico superior, es construir nuestro patrimonio a base de activos y evitar los pasivos siempre que sea posible, si es inevitable, retrasar su compra al máximo. Tengamos en cuenta dos ideas clave en las que deben basarse nuestras finanzas, si adquirimos activos, aumentamos nuestros ingresos y por lo tanto, al ganar más dinero año tras año, tendremos mayor capacidad de ahorro. Por el contrario, si adquirimos pasivos, éstos nos sacarán dinero del bolsillo año tras año por lo que aunque ganemos el mismo dinero que el año anterior, desde el momento que adquiramos el pasivo, nuestra capacidad de ahorro caerá, pues tendremos más gastos. De ahí que haya que poner activos en nuestra vida y no pasivos.

¿Qué sería lo más apropiado? Aumentar nuestros activos y utilizar el dinero que nos hacen ganar (los dividendos de las acciones, el alquiler del piso, etc.) para así cubrir los costes que nos generará la adquisición inevitable de nuevos pasivos. Por ejemplo, como te contaba en el capítulo anterior, no tuve coche hasta que con los dividendos de mi cartera de acciones pude cubrir los costes de la cuota del renting y el combustible mensual. Haciéndolo de esta forma, la incorporación del pasivo (el coche) a mi vida, no ha supuesto un impacto en mi capacidad de ahorro inicial ni sobre el dinero que ingreso con mi nómina. Esa debe ser la idea, durante los primeros años, cuando mayor es nuestra capacidad de ahorro y menos costes y necesidades tenemos, debemos ahorrar dinero e ir incorporando activos a nuestra vida para que cuando tengamos la necesidad, podamos incorporar los pasivos que sean necesarios.

Por otro lado, tenemos la categoría que yo llamo "Humo", creo que en este grupo, hay cosas que no deben eliminarse como esos ratos necesarios con tu pareja, tus amigos, viajes o vacaciones. Hay una gran diferencia entre tomarse unas cervezas todos los fines de semana con tus amigos y salir de discotecas, o ir a fiestas en la zona vip cada sábado. Ambas situaciones nos dan el placer de estar con los amigos, pero el coste es realmente diferente. La cuestión clave es tener controlada esta sección, ponernos un presupuesto mensual e intentar ceñirnos a él. En mi opinión, este presupuesto, no debería ser nunca superior al veinte por ciento de nuestros ingresos del trabajo. Lo bueno de esta categoría es que siempre podemos adaptarla a nuestra situación y recortar esta partida cuando haga falta. Seguro que recuerdas cómo se extrañaban los europeos de ver los bares y cafeterías llenas en plena crisis, la realidad es que a los españoles nos gusta salir, y si ya no podemos pagar Gin Tonics, nos tomamos una caña o un café, pero la cuestión es seguir saliendo y reunirse.

Si identificas claramente en tu día a día lo que son activos, lo que son pasivos y tienes la capacidad de controlar la sección "Humo", entonces tienes muchas papeletas para que te vaya bien financieramente en la vida. Una vez controlada esta parte, voy a explicarte las diferencias entre adquirir deuda buena y deuda mala.

La deuda mala es la que utilizamos para adquirir cualquier pasivo o para comprar "humo", estamos pidiendo dinero prestado a un tipo de interés para comprar algo que nos quitará dinero del bolsillo, por lo que aparte de tener que devolver el préstamo y pagar los intereses, estaremos incorporando un pasivo que nos sacará dinero del bolsillo. El ejemplo más claro es la compra del vehículo financiándolo con el concesionario o pidiendo un préstamo a tu banco. Estos préstamos suelen ir desde el 5,75% al 9% aproximadamente. También se da el caso de que pagues las vacaciones pidiendo un préstamo personal o financiándolas, en este caso estás pagando algo que no te puedes permitir realmente (nadie paga algo a plazos pagando intereses altísimos si tiene el dinero) para pagarlo después y ponerte una cuota más cada mes que te quite capacidad de ahorro.

Muy diferente, es la compra de activos a plazos, es decir, pedir dinero prestado al banco para comprar un activo y que nos genere más dinero del que pagamos por él. Veamos algún ejemplo para entenderlo mejor. Puedes comprar un piso para alquilarlo y ganar dinero, si no tienes el dinero, pedirás una hipoteca al banco, siempre que la cuota de la hipoteca sea inferior a la renta que recibes por alquilarlo, tendrás delante de ti un buen negocio basado en deuda buena. Deuda que tomas para comprar activos que te generen un dinero extra cada mes. Lo mismo ocurre si operas con opciones utilizando la garantía que te permite el broker, como veremos más tarde cuando te presente mi modelo de operativa en bolsa, o por ejemplo, comprar un taxi, pidiendo un préstamo, contratar algún empleado para que conduzca y ganar más dinero al mes del que te cueste el préstamo de comprar la licencia y el vehículo. En definitiva, trata de que tomes dinero prestado a un menor interés del que vas a ganar invirtiendo ese dinero. Esa es la clave que marca la diferencia entre deuda mala y deuda buena. No obstante, hagas lo que hagas, hazlo con cabeza, aunque sea deuda buena, ningún negocio está garantizado, por lo que te recomiendo que no hagas una gran montaña de deuda buena aunque tengas muy claro el negocio y lo veas muy seguro. La deuda, sea buena o mala hay que devolverla igualmente.

"Los tiempos de bonanza solo nos enseñan malas lecciones, tales como que invertir es fácil, que conocemos los secretos de invertir, y que no nos tenemos que preocupar del riesgo que conlleva. Sin embargo, las lecciones más valiosas se aprenden en tiempos difíciles"

Howard Marks

7. Tu dinero es lo más importante, mímalo y te mimará.

Todo proyecto de inversión, puede verse derrumbado si no se lleva a cabo una buena gestión de la liquidez. La liquidez es la gasolina que empuja el coche, hasta el mejor deportivo se parará si no tenemos dinero para echarle gasolina. La gestión de la liquidez se convierte en uno de los pilares fundamentales de nuestro sistema, pues como veremos más adelante, será nuestro seguro para la compra de las opciones que se ejecuten a vencimiento. La elección de un broker que permita el apalancamiento, al poder utilizar las acciones de nuestra cartera como garantía, también jugará un papel importante, pues nos permitirá ponernos compromisos de compra en una fecha futura para la que si tendremos el dinero, aunque no lo tengamos en el momento actual. El dinero, se va a convertir en nuestra herramienta de trabajo, si arriesgamos el dinero por una mala gestión, habremos perdido la herramienta que nos permite desarrollar nuestro trabajo. Es importante tener esto en cuenta, el ejemplo más claro es el taxista que estrella su coche, sin taxi, se le acabó ingresar dinero.

"Un buen trader observa el nivel de su capital como un submarinista observa sus reservas de aire comprimido" Alexander Elder

8. Diseño de nuestro cuadro de liquidez, nuestra principal herramienta.

La gestión de la liquidez debe quedar reflejada de forma visual e interactiva para que, nosotros como inversores, tengamos controlado en todo momento los excesos o necesidades de capital de forma que, cuando tengamos obligación de comprar acciones por la ejecución de las opciones, podamos hacerle frente. Este cuadro, recogerá mes a mes y con un recorrido de al menos 2 años, toda la liquidez que hayamos decidido destinar a nuestro sistema de forma mensual. Éste será principalmente parte de nuestro sueldo que nos quede disponible o que hayamos decidido apartar para crear nuestro sistema de inversión. Este cuadro de liquidez también deberá recoger los pagos de dividendos que realicen las empresas que tengamos en cartera, pues debemos considerar que también son aportes de liquidez al sistema. Además, también registraremos las primas ingresadas por la venta de opciones en el mismo mes que realicemos la operación, y por último, deberemos registrar la cantidad a desembolsar en caso de que se ejecutaran las opciones a vencimiento. Este último parámetro, se registrará en el mes que coincida con la fecha de vencimiento. Por ello, es importante que el cuadro de liquidez presente al menos 2 años en adelante.

Este cuadro es muy sencillo de diseñar y basándonos en una hoja Excel, se puede desarrollar de forma gratuita para llevar el control de los niveles de liquidez que necesitamos de forma visual.

A continuación, vamos a ver la primera parte del cuadro de liquidez que resumirá nuestras operaciones tanto de venta de opciones PUT como de opciones CALL. Estas operaciones que darán lugar a la primera parte del diseño del cuadro de liquidez, se enlazarán con la segunda parte de forma que los ingresos de primas y las cantidades a desembolsar en caso de ejecución, se trasladen a la segunda parte del cuadro.

Como vemos en la tabla siguiente, se recogen los datos de cada operación desde que se ejecuta (fecha en la columna 2) hasta que alcanza su fecha de vencimiento (columna 8). Por lo general, cada opción se compone de 100 acciones, por lo que cada posición que abramos con opciones, deberemos crear una columna 3 que resultará de multiplicar el nº de opciones de esa operación por 100. La columna 4, recogerá el precio de Strike, es decir al precio que se ejecutaría la opción. En la columna 5 anotaremos la prima obtenida por acción por lo que al multiplicar esta columna por la columna 3, nos dará la prima total de la operación; es decir, el resultado de la columna 7. La columna 9 (en caso de ejecución) es la resultante de multiplicar el precio de la columna 4 (strike) por la columna 3 (nº de acciones). En la columna comisiones, deberemos incluir las comisiones de abrir la operación que nos cargue el broker y las comisiones que nos carguen al llegar a la fecha de vencimiento o ejecución. La columna 6 (descuento) es la diferencia porcentual entre el precio de ejecución y el mismo precio sin la prima; es decir, a qué descuento estaremos comprando las acciones en caso de ejecución si consideramos que hemos cobrado la prima. La forma más fácil de conseguirla es dividiendo la prima total (columna 7) entre la columna 9 (en caso de ejecución).

El diseño de esta primera tabla es importante ya que gran parte de los datos se trasladarán a la segunda parte de la tabla que se muestra a continuación de esta primera. Si no está bien hecha, arrastraremos los errores a la segunda tabla y nuestro modelo estará mal.

Cuadro Primas

Cuadro Primas	Fecha Operación	nº Acciones	Strike	Prima	Descuento	Coste Total	Fecha Ejercicio	€ en caso ejecc	Comisión	Ingreso Y.	Pago recompra	Años en cartera
Venta 1 PUT - BBVA	21/02/2017	100	6,75	1,11	16,44%	111	16/03/2018	675	1,5	0,18	19,5	1,06
Venta 2 CALL - END	02/05/2018	200	19,5	0,45	2,31%	90	20/07/2018	0	4			0,22
Venta 2 PUT - BBVA	11/01/2017	200	7	1,55	22,14%	310	15/06/2018	1400	2			1,42
Venta 2 PUT - Mediaset	12/09/2017	202	9,68	0,7272	7,51%	146,8944	16/03/2018	1955,36	2			0,51
Venta 2 PUT - Mediaset	03/11/2017	300	9,5	1,3	13,68%	390	21/09/2018	2850	2,5		530,5	0,88
Venta 2 PUT - Mediaset	02/01/2018	200	9,5	0,95	10,00%	190	21/09/2018	1900	2		352	0,72
Venta 5 PUT - Iberdrola	02/01/2018	500	6,75	0,85	12,59%	425	21/12/2018	3375	3,5			0,97
Venta 2 PUT - Endesa	29/06/2018	200	19,5	1,1	5,64%	220	21/12/2018	3900	2			0,48
Venta 2 PUT Atresmedi	22/03/2018	200	7,25	0,82	11,31%	164	15/03/2019	1450	4	1,08	216	0,98
Venta 3 PUT - Mediaset	30/05/2018	300	9,13	1,6	17,52%	480	15/03/2019	2739	2,5			0,79
Venta 2 PUT - Mediaset	30/05/2018	200	9,38	1,82	19,40%	364	15/03/2019	1876	2			0,79
Venta 5 PUT - SAN	16/03/2018	500	5,41	0,63	11,65%	315	15/03/2019	2705	3,5			1,00
Venta 2 PUT - Mediaset	11/07/2018	300	6,5	0,7	10,77%	210	21/06/2019	1950	2,5			0,95
Venta 2 PUT - Mediaset	11/07/2018	300	6,5	0,73	11,23%	219	21/06/2019	1950	2,5			0,95
Venta 2 PUT REE	21/03/2018	200	16	1,55	9,69%	310	21/06/2019	3200	2			1,25
Venta 2 PUT REE	21/03/2018	200	16	1,62	10,13%	324	21/06/2019	3200	2			1,25
Venta 5 PUT - SAN	28/05/2018	1000	4,33	0,435	10,05%	435	20/12/2019	4330	7			1,56
Venta 5 PUT - SAN	29/05/2018	500	4,3	0,52	12,09%	260	20/03/2020	2150	3,5			1,81
Venta 5 PUT - SAN	29/05/2018	500	4,33	0,62	14,32%	310	19/06/2020	2165	3,5			2,06

En la segunda parte de la tabla, registraremos en la primera columna los siguientes conceptos asignándole una fila a cada uno. Primas ingresadas, Vencimientos previstos, Ingresos dividendos, Ingresos nómina, Acumulado. Marcaremos en rojo los vencimientos para tenerlos controlados. En cada fila y cada mes, registraremos los ingresos previstos por dividendos, la cantidad de nuestra nómina que podemos destinar a alimentar de liquidez el sistema y las primas ingresadas cada vez que realicemos una operación de vencimiento de opciones. Al final, en la fila "acumulado", sumaremos todos los ingresos (Primas, dividendos, nómina) y le restaremos los vencimientos previstos (este concepto se refiere a la cantidad monetaria que deberíamos desembolsar si a la fecha de vencimiento nos ejecutasen las opciones). Para que el sistema esté completo, deberemos de arrastrar el acumulado de cada mes, al mes siguiente independientemente de que sea positivo o negativo. Veamos, por ejemplo, en marzo 2018 tenemos un acumulado de 800€, luego en abril de 2018, deberemos sumar este exceso de liquidez de 800€ de marzo al acumulado de abril 2019; así vemos que 24,3€ de dividendos abril, + 600€ de nómina+ 800€ del acumulado de marzo, nos deja un acumulado en abril 2018 de 1424,3€. En caso de que el acumulado en el mes sea negativo, lo restaremos en el mes siguiente ya que arrastraremos un déficit de liquidez del mes anterior.

	ene-18	feb-18	mar-18	abr-18	may-18	jun-18	jul-18	ago-18	sep-18	oct-18	nov-18	dic-18
Primas Ingresadas	609,5	0	1082		1029,5	218	208	455,9	0	0	0	0
Vencimientos previstos	0	0	1955,36	0		1400	0	0	0	0	0	7275
Ingresos dividendos			0	24,3	478,5642	0	723,85812	3,8394	319,464	0	3,1995	422,10801
Ingresos nomina			800	600	800	800	600	800	800	600	800	800
Acumulado			800	1424,3	2702,8642	2320,8642	3644,72232	4448,56172	5568,02572	6168,02572	6971,22522	918,33323

	ene-19	feb-19	mar-19	abr-19	may-19	jun-19	jul-19	ago-19	sep-19	oct-19	nov-19	dic-19
Primas Ingresadas	0	0	0	0	0	0	0	0	0	0	0	0
Vencimientos previstos	0	0	7320	0	0	14428						4330
Ingresos dividendos	82,5876	3,8394	0	0	478,5642	0	723,85812	3,8394	319,464	0	3,1995	422,10801
Ingresos nomina	600	800	800	600	800	800	600	800	800	600	800	800
Acumulado	1600,92083	2404,76023	-4115,23977	-3515,23977	-2236,67557	-15864,6756	-14540,8175	-13736,9781	-12617,5141	-12017,5141	-11214,31455	-14322,2065

No ocurre nada por tener algunos meses con acumulados negativos siempre que, cuando se dé un mes de vencimiento, hayamos conseguido revertir la situación y llegar a tener un acumulado positivo.

Los ingresos de dividendos, pueden arrastrarse automáticamente si tenemos una pestaña como "cartera creada", como se ve en la imagen siguiente, podemos arrastrar la columna de "dividendo neto" que hay bajo el círculo de composición de la cartera.

Te recomiendo que crees una cartera en Excel similar a la que te presento en la siguiente página de este capítulo, trata de tener todo enlazado y que visualmente sea fácil de seguir. Para mí es muy importante que dicha cartera recoja los dividendos que paga cada empresa que tengamos en cartera mes a mes y que a partir de ahí, se totalicen para saber cuál es nuestro ingreso neto y bruto de cada mes.

Por otro lado, siempre me gusta tener controlado el porcentaje que supone el pago de cada empresa sobre el total de dividendos que recibo, así sé cuál es mi exposición a cada empresa por si alguna decide hacer cambios. También el porcentaje que supone la inversión que he realizado en cada empresa sobre mis compras totales, es decir, el porcentaje de mi cartera que ocupa cada empresa para evitar sobre ponderarlas en exceso. Como habrás visto, lo que menos me importa, es actualizar el precio de mercado actual de cada empresa.

DISTRIBUCIÓN

Ticker	Total	SAN	ENA	BME	TL5	BBVA	END	REE	NTH
Nº Acciones		79	717	138	202	200	200	400	2000
Moneda	EUR	EUR	EUR	EUR	EUR	EUR	EUR	EUR	EUR
Moneda - cambio		1	1	1	1	1	1	1	1
Capital Invertido (€)	41091,3162	436,5162	15065	3607,56	1958,88	1403,32	3299,32	6596,83	8724,29
Precio actual (Moneda local)		5,6	21,01	26,53	9,70	7,02	16,50	16,49	4,358
P. act. Euros		5,600	21,011	26,530	9,840	7,020	16,497	16,492	4,356
Valor actual (€)	41.111,95€	442,40 €	15.065,00 €	3.808,08 €	1.967,68 €	1.404,00 €	3.299,32 €	6.556,83 €	8.718,00 €
P/G (€)	28	5,88	0,00	0,52	29,00	0,68	0,00	0,00	-8,29
P/G (%)	0,07%	1,35%	0,00%	0,01%	1,48%	0,05%	0,00%	0,00%	-0,10%
Retención Origen		0%	0%	0%	0%	0%	0%	0%	0%
Retención Destino		19%	19%	19%	19%	19%	19%	19%	19%
RPD Bruta	6,80%	4,16%	7,09%	6,11%	6,19%	4,99%	8,02%	5,57%	7,34%
RPD neta	5,52%	3,37%	5,74%	5,44%	5,01%	4,04%	6,50%	4,51%	5,94%
Dividendo Bruto (€)	2793,18	18,17	1067,81	242,08	121,20	70,00	268,80	367,52	640,00
Dividendo Neto (€)	2296,64	14,72	864,77	196,08	102,23	56,70	215,56	297,69	518,40
DPA B. Total (€)		0,230	1,489	1,780	0,600	0,350	1,333	0,919	0,320
DPA Bruto	E							0,2548	
	F	0,06							
	M								
	A					0,15			
	M	0,06		0,78	0,6				0,12
	J								
	J	0,06	0,876				0,833	0,6639	
	A								
	S			0,4		0,2			0,2
	O								
	N	0,05							
	D		0,613	0,6					

Media mensual Neta:	186,89 €	
Media mensual Bruta:	232,77 €	

	Dividendo Mensual bruto	Dividendo Mensual Neto
E	241,98 €	195,99 €
F	4,74 €	3,84
M	0,00 €	0,00 €
A	30,00 €	24,30 €
M	472,02 €	382,34 €
J	0,00 €	0,00 €
J	1.020,26 €	826,40 €
A	4,74 €	3,84
S	454,40 €	368,06 €
O	40,00 €	32,40 €
N	3,95 €	3,20 €
D	521,12 €	422,11 €

Ahora que tenemos creado nuestro cuadro de liquidez, podemos tener controlado uno de los pilares fundamentales de nuestro sistema de inversión. Si seguimos con atención las señales del cuadro de liquidez y lo rellenamos correctamente, veremos cuándo tendremos que afrontar un desembolso de dinero para comprar las acciones de las opciones que nos ejecuten. Si hemos ido aportando liquidez suficiente (para ello lo habremos registrado previamente en el cuadro de liquidez) no habrá problema. Antes de vender opciones PUT, debemos hacer la simulación en nuestro cuadro de liquidez; es decir, como ya habremos registrado los ingresos de dividendos y la parte de la nómina a aportar cada mes, deberemos incluir en la fecha de vencimiento la cantidad "en caso de ejecución" y así veremos cómo se ajusta el cuadro de liquidez. Si el acumulado a la fecha de ejecución sale negativo, no deberemos realizar la operación, pues nos pondríamos en una situación de riesgo. Si el acumulado sale positivo, podremos realizarla, pues querrá decir que cuando llegue la fecha de ejecución, si nos obligaran a comprar las acciones, habríamos aportado suficiente liquidez al sistema en los meses previos y por tanto, tendremos dinero para desembolsar el importe de la compra.

Debemos tener vigilado este cuadro en todo momento, pues nos ayudará en la toma de decisiones y nos permitirá tener el riesgo bajo control.

Éstas son las herramientas de control que necesitas para saber cuándo puedes permitirte vender opciones, si debes seguir adquiriendo acciones de una empresa en concreto, saber de cuánto dinero podrás disponer próximamente... Préstales atención y mantenlas actualizadas en todo momento, no tomes una decisión sin consultar el cuadro y registra en él cada una de las posiciones que tomes y las acciones que realices lo antes posible. Ten en cuenta que si la información comunicada en los cuadros de control no es correcta, las decisiones que tomemos pueden verse condicionadas y no ser acertadas o incluso ponernos en una situación poco agradable de falta de liquidez.

Por último, he decidido incluir estas plantillas en mi blog, por si prefieres descargarla ya hechas y adaptarlas a tu caso personal. Son tuyas en:

independizatedetunomina.wordpress.com

"Los mercados pueden mantener su irracionalidad más tiempo del que tú puedes mantener tu solvencia"

John Maynard Keynes

9. Haz de tu broker tu mejor aliado, elige bien.

Aunque nuestra principal preocupación a la hora de escoger un broker suele ser las comisiones que nos pueda cobrar por conceptos como mantenimiento, operaciones de compra/venta, cobro de dividendos, etc. También tendremos que tener en cuenta en esta ocasión la diversidad de productos que nos ofrezca, pues no todos ofrecen operativa con opciones. Por otro lado, tendremos que considerar también el hecho de que nos dejen utilizar las acciones que tengamos en cartera como garantía; es decir, una vez que tengamos acciones en cartera, el valor de estas nos sirva para aportar las garantías que nos puedan exigir para cubrir el riesgo de las opciones y que no tengamos que transferir dinero extra para esta misión.

¿Cómo funciona esta parte? Muy sencillo, el broker nos asigna un riesgo correspondiente a nuestra cartera en función de los activos (acciones, opciones, CFD´s, etc.) que la componen. En función de este riesgo, el broker nos dejará un margen disponible que es con el que podremos operar. Este margen nunca debe ser negativo, de lo contrario, el broker nos solicitará que aportemos fondos extra o que cerremos posiciones. Personalmente, utilizo Degiro como broker para operar con opciones, pero cada uno puede utilizar el que considere más apropiado, pues como Degiro hay más brokers entre los que elegir. Por lo tanto, como detallaba más arriba, brokers como Degiro permiten que las acciones o un porcentaje del valor de las mismas (en función de la calidad que el broker asigne a cada empresa, éste permitirá utilizar parte del valor de la misma como garantía) sean aportadas al margen libre. De esta forma, podremos tener un margen positivo mayor que responda a las fluctuaciones del mercado y al mismo tiempo, tener una posición negativa de efectivo, por lo que podremos haber comprado acciones por un valor mayor del dinero que hayamos aportado a la cartera (aunque tendremos que pagar intereses al broker por la posición negativa) y así cobrar dividendos de dichas empresas y aumentar la rentabilidad de nuestro dinero.

Es decir, podemos haber aportado por ejemplo a la cuenta de nuestro broker 18.000€, comprar acciones por valor de 22.000€ y tendríamos una posición negativa de 4.000€. No obstante, como el broker utilizará las acciones como garantía, el margen será positivo de entre 4.000€ a 8.000€ aproximadamente, en función de la calidad de las acciones. La idea, es cubrir esta posición negativa con los ingresos que recibamos de dividendos o las primas ingresadas por la venta de opciones en los próximos meses.

Finalmente, recordar que es importante trabajar con un broker que esté registrado en la CNMV, sin dejarse engañar por cualquier oferta interesante que puedan ofrecer brokers desconocidos, con poco recorrido o lo comúnmente llamado "chiringuito bursátil".

Aunque no quiero hacer cundir el pánico, te recomiendo que siempre tengas controlados cuales son los límites de capital que cubre el Estado donde tiene sede el broker, si no me equivoco, aunque te invito a que contrastes esta información, tanto Degiro como ING, (los brokers que utilizo) son holandeses y por tanto el Estado holandés se hace responsable de garantizar el capital, puedes consultar la página web del DeNederlandscheBank para más información: https://www.dnb.nl/home/ salvo error de mi parte, la cantidad cubierta es de 20.000€ por cuenta y usuario.

En el caso español, salvo error es la misma cantidad, puedes consultar la web del Fondo de Garantía de Inversiones para mayor información: https://www.fogain.com/

"El 99% de los gestores de fondos no demuestran tener habilidad alguna"

William J. Bernstein

10. No diversifiques más de lo que puedas controlar, solo tienes dos ojos.

Cierto, vas a escuchar a mucha gente decir que el riesgo se elimina diversificando, y aunque a priori pueda parecer verdad, solo estarás eliminando un tipo de riesgo, el riesgo asociado a la propia empresa. No vas a eliminar el riesgo sectorial si, por ejemplo, la mayoría del peso de tu cartera está concentrado en un sector: el bancario, energético, asegurador, etc. Tampoco estarás eliminando el riesgo país si la mayoría de las empresas que tienes en cartera operan en el mismo territorio, ni estarás eliminando el riesgo divisa si todas operan bajo la misma moneda. Y por supuesto, si solo tienes acciones y las bolsas cerraran de golpe, tu dinero quedaría bloqueado. Pero, ¿Vale la pena diversificar tanto para evitar estos posibles problemas? Bueno, la respuesta depende de cada uno y de lo mucho o poco que creamos en que vayan a ocurrir dichos acontecimientos.

No obstante, si algo queda claro, es que diversificar tanto, supone hacer concesiones y tener que dejar de lado empresas que a priori, pueden ser interesantes por no sobre ponderar la cartera. Si tenemos en cuenta que nuestro capital es limitado, cuanto mayor sea la diversificación que queramos obtener, más pequeñas serán las operaciones que debamos realizar y mayor el número de las mismas. Por lo tanto, se dispararán nuestros costes operativos al tener que pagar muchas más comisiones por las operaciones y nuestra rentabilidad se verá mermada.

Otro de los problemas que supone diversificar (al menos a mí me parece el más importante) es que no podemos abarcarlo todo, no podemos seguir todas las empresas, no podemos leernos las cuentas trimestrales o los informes que emita cada compañía porque serán demasiados. Por consiguiente, no tendremos controlada nuestra cartera y no estaremos listos para reaccionar a los cambios que puedan surgir, no podremos analizarlas todas con frecuencia ni ver en detalle cómo evolucionan. Pero lo peor, es que los criterios de diversificación pueden condicionar nuestra elección de empresas, algo que no debemos dejar que ocurra. Si por ejemplo, el sector energético español ha caído con fuerza (como ocurrió justo después del anuncio del ministro de energía de endurecer la regulación a las energéticas y gasistas) y está "barato", no hay problema en sobre ponderar estas empresas a pesar de estar en el mismo sector y país si se trata de empresas de calidad. Si estamos comprando empresas que cumplen con nuestros criterios de compra y además, están a muy buenos precios, ¿Por qué no cargar todo lo que podamos? Estaríamos desaprovechando una buena oportunidad por nuestro miedo a que ocurran situaciones cuya probabilidad, es más bien baja.

Si haces bien las cosas, la cartera irá poco a poco diversificándose sola en la medida en que compres empresas de calidad a buen precio, pues seguro que no vamos a encontrar todas en el mismo sector. También hay que tener en cuenta, tanto para bien como para mal, la diversificación involuntaria, me refiero a que, si compras acciones del Banco Santander, aunque sea español, estarás comprando también Reino Unido con la libra esterlina o Brasil con el real brasileño. Otro ejemplo, sería comprar Sacyr Vallehermoso, empresa que ostenta un porcentaje interesante de Repsol, así pues, no tendría sentido tener ambas empresas en cartera pues la primera ya se ve afectada por lo que pueda hacer Repsol.

No hay que dejarse obsesionar por la diversificación, pues hay prioridades como escoger buenas empresas o acertar en el momento de invertir, que van por delante de intentar reducir el riesgo repartiéndolo. El riesgo, se elimina eligiendo las empresas correctas en el momento correcto.

"Diversifica a través del tiempo"

Burton G. Malkiel

11. Crea tu núcleo duro y retenlo, añade las que destaquen.

No imagino mejor título para esta sección. Enlazando un poco con el capítulo anterior, en el momento de escribir este libro, tengo siete empresas en cartera, (y los compromisos de compra que tengo van enfocados a adquirir más acciones de dichas empresas) entre ellas, una pondera el 42% de mi cartera, otra el 16%, otra el 16,4% y las otras 4 empresas, el 25,6% restante. Pero es que, las dos primeras posiciones, son empresas englobadas dentro del mismo sector, el sector energético y contando mi cuarta posición, es probable que mi ponderación actual a dicho sector esté en torno al 67%.

Lo que pretendo mostrar con esto, es que mi núcleo duro lo forman 3 empresas (y me encuentro en proceso, por medio de opciones que creo me ejecutarán, de adquirir acciones del sector bancario, y formar una cuarta empresa fuerte en mi cartera). Estas forman los pilares de mi cartera, empresas sólidas, líderes en sus mercados, con dividendo (no incorporo a la cartera ninguna empresa que no pague dividendos, buscamos conseguir la libertad financiera a largo plazo, no especular con acciones a corto plazo) con niveles de deuda controlados, y que si el negocio va bien, recompran acciones o aumentan la cantidad de beneficios que destinan al pago de dividendos.

Hace un mes aproximadamente, estuve cenando con un amigo cuyos padres se dedican a la explotación y engorde de reses. Hablando de estos temas de la bolsa, me decía que su padre compró en el año 2002 acciones de la empresa Enagás a 5,5€ y que hoy en día, 16 años después aún las mantenía y que no tenía pensado venderlas. En el momento de la conversación, Enagás cotizaba por encima de los 25€, pero es que da un dividendo de 1,5€ brutos y planea subirlo un 5% anual hasta 2019. Haced cálculos de la cantidad de dinero que ha ganado desde 2002 vía dividendos y lo que puede ganar hasta 2019. El padre de mi amigo, voluntaria o involuntariamente, incorporó una buena empresa a su cartera y la ha mantenido durante 16 años. La empresa, ha aumentado el dividendo y le ha devuelto mucho más de lo que pagó por ella. Todo esto viene a que lo importante es escoger esas empresas saneadas, líderes en sus mercados, que ofrecen una buena rentabilidad por dividendo y si encima es creciente año tras año, aún mejor. Una vez tengamos éste núcleo duro formado, será mucho más sencillo añadir capital a nuestro sistema de inversión.

Llegado el momento en que dispongamos de capital para invertir, tendremos dos opciones. La primera será aumentar posiciones en las empresas de calidad que ya tenemos en cartera, es decir, en nuestro núcleo duro bien sea mediante adquisición directa o mediante la venta de opciones PUT. Si estas opciones no fueran posibles porque los precios de las empresas que tenemos en nuestro núcleo duro son muy elevados, o la situación de las empresas que tenemos ha cambiado hasta el punto que incluso nos planteáramos vender alguna de nuestras principales posiciones, entonces, incorporaríamos otras empresas de forma que no supusieran un elevado porcentaje de nuestra cartera pero que ayudasen a obtener la libertad financiera aportando suculentos dividendos al sistema.

A principios de este año, me encontraba con un pico de liquidez de 6.897€, las empresas de mi núcleo duro habían subido desde que las incorporé a la cartera y estaban caras. Puse mi atención en dos empresas que habían caído bastante y que cumplían con mis criterios de compra pero que no me gustaban lo suficiente como para destinar casi 7.000€ a comprar una empresa e incorporarla con tanto peso a mi cartera. Por ello, decidí que lo mejor era dividir este importe y en caso de que fuese necesario, dejar marchar estas dos empresas si necesitaba el dinero o llegaban a un precio elevado. Si no, aportarían un buen dividendo a mi cartera sin ser empresas clave para mí. Así pues, empezaba el año comprando 336 acciones de Saeta Yield a 9,84€ (02 de Enero) y 200 acciones de Endesa a 16,48€ (06 de Febrero). ¿Por qué las incorporé? Bueno, Saeta me parecía barata y daba una rentabilidad por dividendo realmente elevada, por su parte, Endesa había caído mucho, para mí su precio justo estaba en 19€ por lo que a 16,48€ me parecía que tenía poco riesgo. Como comentaba, me gustaban ambas empresas, pero no me importaría dejarlas marchar si alcanzaban precios elevados, pues no me gustaban lo suficiente como para aguantarlas toda la vida y al final, les llegó su momento y hubo que dejarlas marchar.

El 07 de Febrero, el fondo Brokfield lanzaba una OPA (Oferta Pública de Adquisición por la que se comprometen a comprar una parte del capital o la totalidad del mismo a un precio determinado) sobre Saeta Yield a 12,20€ y casi un mes más tarde, el 5 de marzo, dejaba marchar a esta empresa. Como podéis ver, la rentabilidad contando los dividendos cobrados en el periodo fue de un 26% bruto. La empresa alcanzaba su precio y no había más narices que acudir a la OPA.

En cuanto a Endesa, el 27 de junio, justo un día antes de la fecha Ex dividendo me arrebataban las acciones, no sin antes haberles exprimido una jugosa rentabilidad. El 02 de Mayo, vendía 2 opciones CALL sobre las 200 acciones de Endesa que tenía en cartera y que si mi contraparte así lo deseaba, me obligaría a venderlas a 19,50€ antes del 15 de Julio, (veremos la operativa con opciones en el capítulo número 13 más en detalle) ingresaba por dicha obligación 0,45€ por acción. Como habréis podido imaginar, mi rentabilidad bruta era de 19,50€ (precio de venta) - 16,48€ (precio de compra) + 0,45€ prima ingresada por la venta de CALLs. Total, 21% de rentabilidad bruta en 4 meses.

Pensé mostraros estos ejemplos, no por la importancia que tiene la elección de empresas, sino por la importancia que tiene saber dejar marchar a dichas empresas. Ambas empresas me parecían buenas para incorporarlas a mi cartera, no lo suficientemente buenas como para incorporarlas en gran cantidad y por supuesto, no lo suficientemente importantes como para dejarlas en mi cartera toda la vida, pero sí unos años o hasta que apareciese algo mejor, una nueva empresa para incorporar al núcleo duro o aumentar posiciones de mis principales empresas. A pesar de la rentabilidad de las operaciones, éstas no eran empresas para mi núcleo duro.

"El mejor momento para vender una empresa excelente es nunca"

Philip Fischer

12. El modelo de inversión sin pelos ni señales.

Ahora que nos hemos ido poniendo un poco al día con la bolsa, la gestión de la liquidez, el riesgo y tenemos claros nuestros objetivos, toca ver de qué manera empezamos a tener ingresos pasivos con la bolsa. Como he comentado a lo largo del libro, mi forma de ver la bolsa no se basa en especular o comprar a un precio pensando que venderé las acciones más caras de lo que las compré. Ahora que has llegado hasta aquí, si tu forma de entender la bolsa es especulando, deberías dejarlo ya y no perder el tiempo leyendo el siguiente capítulo. Yo no realizo esa operativa y, por tanto, lo que puedo contarte y enseñarte no va a ir enfocado por ese camino.

Mi sistema, por llamarlo de alguna manera, es sencillo, lo que hago es constituir una cartera de acciones que dé un buen dividendo y si es posible, con empresas que año tras año aumenten su dividendo para que en el largo plazo, cuando no pueda aportar dinero, la cantidad que dicha cartera me retorne aumente solo con los aumentos de las empresas. La cuestión, la estrategia, está en cómo hacerlo. Si vuestro dinero y vuestra capacidad de ahorro son limitados como el mío, cada euro que podamos aportar al sistema o ahorrarnos es vital, y esto se consigue de dos maneras: ingresando más dinero o comprando más barato. Esta es la razón por la que desde 2016 incorporé a mi operativa las Opciones financieras, porque me permiten adquirir acciones en un futuro cuando en el presente no tengo dinero, porque me permite comprar esas acciones con un descuento importante y en definitiva, porque con las primas ingresadas y voluntad por mi parte, soy capaz de hacer que una cartera de dividendos que da entre un 5% y un 6% neto, pase a dar una rentabilidad de entre el 9% y el 11% neto. Esta es mi forma de hacer las cosas, así quiero mostrároslas, no tiene misterios, no requiere conocimientos específicos, no he trabajado en banca ni en inversiones nunca, simplemente me considero alguien dispuesto a aprender y a arriesgar por algo mejor, una persona dispuesta a salir de su zona de confort cuando es joven para conseguir la libertad financiera en un futuro. Si has de caer, cuanto antes caigas mejor, pues antes te levantarás y más tiempo tendrás para recuperarte.

"¿Sabes lo único que me da placer? Recibir dividendos"

John D. Rockefeller

13. No busques beneficios rápidos, haz una cartera a prueba de bombas.

Si sigues mi modelo de inversión y compartes mi forma de ver la bolsa como instrumento para alcanzar la libertad financiera a través de los dividendos y opciones, no buscarás obtener beneficios a corto plazo con la venta de las acciones que suben y se revalorizan. Vas a ver cómo las acciones suben y bajan en tu cartera, lo que supondrá ver pérdidas o ganancias latentes (no realizadas hasta que se venden las acciones), es normal, acertar a comprar siempre en el momento que la acción está más baja es imposible, por lo que vas a ver cómo alguna de las empresas que tengas en cartera pierde valor. La bolsa fluctúa, sube, baja, a veces se puede mover todo un año entre rangos de precios y también puede tener subidas o bajadas bruscas. Lo que tienes que tener controlado es el negocio de la empresa, que su cuenta de resultados mejore año tras año, que aumente los dividendos, las compras o ventas de activos que realiza, etc. En definitiva, que sigue ganando dinero y cada vez más. Ya hemos estudiado la empresa bien antes de incorporarla a nuestra cartera por lo que sabemos que es una buena empresa y solamente tendremos que estar encima de ella, seguirla y ver cómo evoluciona.

Por otro lado, vas a tener empresas en tu cartera que se habrán revalorizado, su precio será más alto que aquel que pagaste inicialmente para hacerte con las acciones. Ahora te hago una pregunta; ¿Tienes que vender una buena empresa porque veas que su precio ha subido un 20%? En realidad, depende, si eso ocurre, es la mejor confirmación de que realizaste una buena compra y por lo tanto, aprovechaste un buen momento para incorporar a tu cartera una empresa de calidad a buen precio. Ese 20% de revalorización, puede servirnos de salvavidas si las bolsas caen, es decir la empresa, debería caer cerca de un 20% para contrarrestar toda la revalorización que ha tenido la acción y nosotros empezar a ver en nuestro monitor la empresa en color rojo, con pérdidas latentes. Personalmente, no vendo una empresa de mi núcleo duro por mucho que haya subido. La razón es muy sencilla, no sé cuándo voy a poder incorporarla de nuevo a buen precio y no sé si en el momento en que la venda, habrá en el mercado una buena candidata para sustituir a esta empresa. Por lo tanto, no me desprendo de una empresa que destaca por mucho que suba. Como comentaba anteriormente, en este modelo no buscamos la revalorización de las acciones para vender a un precio mayor del que compramos, sino para recibir los dividendos que pague la empresa y recibir las primas de nuestra operativa en la venta de opciones.

Dicho esto, solo hay dos casos en los que me desprendo de acciones de mi cartera: la primera se da cuando la empresa en cuestión ha empeorado sus números, cuando deja de ser todo lo atractiva que era y ya no gana el dinero que ganaba antes, aumenta la deuda de forma considerable, el presidente es cambiado por uno cuya filosofía no comparto, etc. En definitiva, por muy buena que sea una empresa, si se sale de su hoja de ruta y deja de cumplir con los requisitos que le exigíamos para entrar en nuestra cartera, es decir, deja de ser un buen negocio, dejaremos entonces de tenerla en nuestra cartera de inversión.

Veamos ahora el segundo caso por el que debes vender una empresa de tu cartera. Ésta, será una empresa que haya cumplido los parámetros que exigimos a cualquier empresa en términos de dividendos, ratios PER, etc. Si no, como es obvio, no estaría en nuestra cartera, no obstante, no será una empresa que componga nuestro núcleo duro, por lo que, será una empresa que hayamos adquirido vía opciones porque se quedaba a buen precio, o que hemos comprado en un momento dado porque teníamos liquidez y era una buena oportunidad debido a su rentabilidad por dividendo. Bien, esta empresa, tras revalorizarse un 20-25% alcanza un precio al cual consideramos que está cara y, vemos a la vez, que tenemos pérdidas latentes en alguna empresa de nuestro núcleo duro. Es importante tener en cuenta, que cuando vendemos acciones y tenemos beneficios, aunque no retiremos el dinero del broker, tendremos que rendir cuentas con Hacienda y tributar por los beneficios que hayamos obtenido, no solo de esta operación, sino de los beneficios que hayamos obtenido a lo largo del año. Por ello, la jugada es la siguiente: compensar los beneficios de una empresa que no es estratégica y puede salir de nuestra cartera, con las pérdidas latentes que tengamos en alguna de las que integran el núcleo duro. He diseñado un capítulo solo para comentar este tema ya que me parece muy interesante y muchos inversores lo pasan por alto. Tendemos a centrarnos en comprar y vender y descuidamos por lo general aspectos secundarios como el trato de impuestos, que también pueden causarnos ganar o perder dinero.

Ten en cuenta que lo que nos importa es comprar empresas de calidad cuyos números mejoren año tras año. Si el precio de la empresa baja, deberíamos considerarnos afortunados, pues podremos reinvertir los dividendos cobrados en la empresa a un precio menor del que habíamos invertido inicialmente. Por lo que, si ya nos gustaba antes, ¿por qué no nos iba a gustar ahora la acción si sus números son mejores y el precio es más bajo que cuando compramos inicialmente? Por mi parte, aprovecharía la situación para aumentar mi posición en la empresa.

Además, si la empresa funciona bien, con toda probabilidad el mercado lo reconocerá conforme pasen los años y valorará a la empresa al precio que le corresponde, lo que es de esperar, a un precio superior al que habrías comprado inicialmente y como añadido, habrás ingresado los dividendos durante todos esos años que hayas tenido la empresa en cartera.

Para finalizar este capítulo, piensa que es muy difícil comprar las acciones en el momento más bajo del ciclo económico de la empresa, y por consiguiente, no debes preocuparte si después de comprar las acciones aun bajan más. Ten en cuenta que si has adquirido las acciones porque te han ejecutado las opciones, tu precio real de compra (precio menos prima) ha sido mejor que el precio más bajo del ciclo de la empresa. Recuerda, que el porcentaje del dividendo por acción, es mayor o menor en función del precio de compra, no obstante, como veremos posteriormente, no hay una gran diferencia en el dividendo si compramos la acción a un precio o un diez por ciento más cara o un diez por ciento más barata.

Por lo tanto, no te obsesiones con el precio sino en conseguir que una empresa de calidad te pague un buen dividendo periódicamente.

"El riesgo viene de no saber lo que estás haciendo"

Warren Buffett

14. Encuentra oportunidades y aprovéchalas.

Encontrar buens oportunidades en la bolsa es una de las tareas más duras de conseguir, es donde de verdad vas a tener que hacer los deberes. A la hora de elegir empresas en las que invertir, tendrás que basarte en algún parámetro que pueda ser comparable para la mayoría de empresas. De entrada, puedes descartar algunos tipos de empresa o sectores que estén de capa caíd. A mí no me gusta invertir en empresas que están en sectores cíclicos como puede ser: la construcción, empresas de ingeniería o automóviles por poner un ejemplo. Tampoco me gustan las aerolíneas, están expuestas a huelgas con mucha frecuencia, a fenómenos naturales como volcanes que les imposibilitan volar, y a la fluctuación del petróleo. Estos son solo unos cuantos ejemplos. Cada inversor tendrá sus criterios y preferencias, habrá quien maneje a la perfección las empresas cíclicas y haga mucho dinero con ellas. Con el tiempo, conforme vayas operando irás conociendo empresas más a fondo y sectores, lo que ayudará a que te especialices.

No obstante, yo utilizo algunos parámetros o ratios para comparar empresas y decidirme por una u otra, pero sobre todo para ver a qué precio me gustaría comprarla y ver cómo evoluciona año tras año. No voy a entrar a valorar todas las ratios existentes ni a explicar cómo se calculan, no vale la pena que los calcules tú, hay sitios como 4-traders.com o walluestreet.com donde hay gente maravillosa que hace un trabajo excelente y te facilitará mucho la vida.

Así se ven los datos en 4-traders.com

	Actuals in M €			Estimates in M €		
Fiscal Period **December**	2015	2016	2017	2018	2019	2020
Sales	1 160	1 218	1 385	1 354	1 332	1 339
EBITDA	901	883	1 100	1 058	1 035	1 065
Operating profit (EBIT)	602	611	732	715	692	731
Pre-Tax Profit (EBT)	557	538	534	583	561	605
Net income	413	417	491	435	423	456
P/E ratio	15,0	13,8	11,6	12,9	13,3	12,3
EPS (€)	1,73	1,75	2,06	1,83	1,78	1,92
Dividend per Share (€)	1,31	1,35	1,46	1,52	1,60	1,68
Yield	5,04%	5,60%	6,12%	6,45%	6,78%	7,12%
Reference price (€)	26	24,125	23,87	23,62	23,62	23,62
Announcement Date	02/16/2016	02/14/2017	02/20/2018	4-traders.com	Datos Enagás	

Uno de los datos que considero útiles son P/E, también conocido como la ratio PER. Representa las veces que los beneficios están incluidos en el precio de la acción. Se calcula dividiendo el precio entre el beneficio por acción. Por lo general, intento comprar a un per inferior a 15, y suelo utilizarlo de la siguiente manera; "si me gustaba Enagás a P/E 13,8 en 2016, ¿Por qué no me iba a gustar en 2017 a P/E 11,6?" La idea es que aunque suba el precio, si el beneficio de la empresa sube más, el P/E bajará. Así pues, que una empresa esté más cara este año que el año anterior no quiere decir que sea peor momento para comprarla, pues si la empresa está ganando más dinero, realmente, estará más barata. Otro de los parámetros que me gusta tener controlados es el beneficio por acción. En la web de 4-traders viene como EPS (del inglés earnings per share), este indicador refleja cuánto dinero gana la empresa por cada acción, es decir por ejemplo en el año 2017 Enagás ganó 2,06€ por acción y se estima que su beneficio será de 1,83€ en el año 2018, 1,78€ en 2019 y 1,92€ en el año 2020. Nos interesa tener una claridad de los ingresos que espera ganar la empresa porque en función de lo que gane, podrá pagar un dividendo u otro. Los dos últimos indicadores que nos quedan en esta parte de la tabla son el dividendo por acción (dividend per share) y la rentabilidad del dividendo en porcentaje (Yield) que se calcula dividiendo el dividendo por acción entre el precio al que se compre la acción, por ejemplo, en el año 2017, el dividendo por acción era 1,46€ que dividido entre el precio de referencia de 23,87€ da una rentabilidad del 6,12%. Aquí nos interesa ver cómo la empresa planea subir su dividendo por acción año tras año. Me gusta invertir en empresas que tengan una previsión positiva de aumento de dividendo pues así, sin nosotros tener que aportar nada, nuestro sistema irá aumentando los ingresos que genera.

A continuación, te muestro la segunda tabla importante que podrás ver en 4-Traders.

	Actuals in M €			Estimates in M €		
Fiscal Period **December**	2015	2016	2017	2018	2019	2020
Debt	4 254	5 089	4 364	4 671	4 485	4 243
Finance	-	-	-	-	-	-
Operating income (EBITDA)	901	883	1 100	1 058	1 035	1 065
Leverage (Debt/EBITDA)	4,72x	5,77x	3,97x	4,42x	4,33x	3,98x
Capital Expenditure	121	92,0	54,1	171	198	199
Book Value Per Share (BVPS)	9,96 €	10,3 €	10,8 €	11,5 €	11,7 €	12,2 €
Cash Flow per Share	2,82 €	3,70 €	-	3,30 €	3,02 €	3,15 €

(4-traders.com, datos de Enagás)

En ella se pueden apreciar algunos parámetros clave para nuestra selección de empresas. El primero, es Deuda (Debt) y Finance. Los dos no pueden estar completos a la vez, por lo que si una empresa presenta datos en Debt, no los presentará en Finance. Como habrás imaginado, Debt es la cantidad de deuda que tiene la empresa. Si dividimos la deuda entre el EBITDA (beneficio antes de intereses, impuestos, depreciaciones y amortizaciones) que teníamos en la tabla anterior, obtendremos el ratio Apalancamiento o Leverage. No te preocupes, no tendrás que calcularlo ya que 4-Traders te lo da directamente. Este ratio nos indica el nivel de apalancamiento de la empresa y por tanto, cuántos ejercicios fiscales en función del EBITDA necesitaría para repagar la deuda si destinase todo su EBITDA a ello. La razón por la que me gusta este indicador es que me permite comparar empresas similares o del mismo sector y ver a priori, cuál puede tener mayor riesgo. Volviendo a la parte de Finance que comentábamos antes, este parámetro representa la posición de efectivo que tiene la empresa, es decir, en vez de deber dinero, dispone de efectivo y liquidez. Volviendo a un ejemplo, el mes pasado no acababa de decidirme entre tomar posiciones en Mediaset o hacerlo en Atresmedia, ambas empresas estaban (a mi parecer) a buen precio, sin embargo, uno de los parámetros que me hizo decantarme por vender opciones PUT sobre Mediaset y no Atresmedia fue que mientras que la primera tenía en el balance aproximadamente ciento treinta millones de euros y un leverage de cero euros, Atresmedia tenía deuda por valor de dos cientos cuarenta millones de euros y un leverage de 1,19 veces EBITDA. De esta forma, visto que el sector de la publicidad tradicional y la televisión en abierto parecen ir de capa caída, prefiero decantarme por una empresa que tiene dinero en efectivo en vez de deuda. Casi seguro que esta empresa podrá adaptarse mejor a los cambios que exija el mercado, podrá recomprar acciones para aumentar el beneficio por acción si lo desea, o podrá incluso devolver dinero a los accionistas.

El otro indicador a tener en cuenta en la tabla es el Cash flow per share, éste es interesante porque mide la diferencia entre el dinero que entra y sale de la empresa, ganó popularidad porque es más difícil de manipular contablemente al no verse afectado por amortizaciones o decisiones que pueda tomar la dirección de la empresa. Cuanto mayor sea el Cashflow respecto al beneficio mejor, no obstante, lo que todo inversor quiere es ver cómo el cash flow aumenta año tras año.

A parte de los parámetros e indicadores que te he mostrado en estas dos tablas, me gustaría hablarte de alguno más que tengo en cuenta a la hora de elegir empresas.

El primero de ellos, es la previsión del negocio y por lo tanto, de aumento de dividendos. Hay empresas como Red Eléctrica o Enagás cuyos beneficios son bastante previsibles, por ello, pueden anunciar aumentos de dividendos y dar una estimación de cuanto aumentarán el dividendo para los próximos 3 o cuatro años. Por ejemplo, Red Eléctrica indicó que previsiblemente subirá el dividendo un 7% anual hasta 2019 y Enagás por su parte, presume de subirlo un 5% anual hasta el año 2020. Esto son negocios bastante previsibles, no hay que buscar empresas que hagan cosas extraordinarias, estas dos empresas pueden parecer realmente aburridas y sencillas, no obstante, para el inversor promedio prometen ser buenas opciones de inversión.

Otro factor que tengo en cuenta a la hora de invertir, es que si me gusta un sector pero no tengo clara que empresa escoger, suelo darle el punto de desempate a la empresa líder del mismo. ¿Por qué hago eso? Pues porque con toda seguridad será la que acabe imponiendo su criterio, haga un alarde mayor de fuerza, resista mejor los cambios cíclicos, cada vez se posicione mejor como líder y sobre todo, porque acabará desempeñando movimientos de relevancia clave. Como ejemplos cercanos y recientes tenemos la compra del Banco

Popular por parte del Banco Santander o la OPA ganada por la italiana ENEL (propietaria de Endesa) a Iberdrola y por la que se ha hecho con el control de Electropaulo sin que Iberdrola haya podido hacer nada más por quedársela.

Por último, también tengo en cuenta quién está en el accionariado de las empresas y más en concreto, si alguien presenta una posición de control que pueda sostener la acción de caídas bruscas o ataques si es necesario. Por poner algunos ejemplos, más del 50% del accionariado de Mediaset está en manos de su matriz italiana Mediaset S.P.A. Ocurre lo mismo con Mapfre, donde su fundación tiene más del 50% del capital; Naturhouse donde el principal accionista controla cerca de un 70% del capital de la empresa; en otros casos, el Estado español posee participaciones de control como las de Enagás y Red Eléctrica.

Como habrás podido adivinar a lo largo del libro, no toco ninguna empresa que no pague dividendos, es una de las reglas principales que tengo, por muy barata que esté una empresa, si no paga un dividendo lo suficientemente atractivo, no estará incluida en mi cartera; y si la empresa no es líquida, es decir, cuesta mucho comprar o vender acciones porque no hay casi operaciones diarias (te explicaré este detalle más adelante) tampoco la incorporaré a mi cartera. Evito también como habrás imaginado, empresas que hayan tenido una subida vertical casi absoluta por el temor a que recorten con brusquedad para compensar parte de las subidas.

Con estas indicaciones, debes de ser capaz de diferenciar las buenas empresas de las malas y poco rentables e incluso detectar alguna que sea realmente excelente para invertir tu dinero en ella. Es importante porque conforme leas recomendaciones por internet, o escuches consejos de amigos, debes de ser capaz de separar los diamantes de la roca y saber filtrar las propuestas que te hagan para quedarte solo con las que de verdad valgan la pena.

"Mister Market es un esquizofrénico en el corto plazo pero recupera su cordura en el largo plazo"

Benjamin Graham

15. Interioriza el modelo y ponte en marcha.

Si es necesario, te recomiendo que los capítulos que engloban la gestión del dinero y la operativa con opciones los leas dos veces, tres o las que hagan falta. De hecho, durante tus primeras operaciones, deberías tener el libro a mano y consultar esos mismos capítulos. No importa si no entiendes cómo funciona el sistema a la primera, es muy probable que yo no lo haya explicado todo lo bien que se puede, pero debes esforzarte en sabértelo de memoria e interiorizarlo, y lo más importante, entender por qué haces cada operación, pues si entiendes este modelo de inversión, todo lo demás es mucho más sencillo y acabará llegando. Recuerda, es simple lógica y gestión del dinero. Acumula capital, gana todo el dinero que puedas y ahorra al máximo, cada céntimo cuenta pues cuanto más dinero pongas al principio menos has de poner luego, adquiere acciones de calidad por medio de la venta de opciones PUT, acciones que te gustaría mantener de por vida, deja marchar a las acciones cuando toque bien porque ya no son interesantes o vía venta de opciones CALL porque han llegado a su precio y por último, gestiona tu cartera, tus ganancias, tus pérdidas y tus posiciones.

"Nadie sabe más que el mercado" Burton G. Malkiel.

16. Sigue aprendiendo. ¿Alguna pregunta? Un poco de todo.

Quería dejar esta última parte para profundizar en algunos temas que hemos visto en capítulos anteriores del libro y que han podido dejarte con alguna duda, pero sobre todo, me gustaría darte mi opinión y consejos por si te encuentras ante algunas situaciones inesperadas o por si te surge la desesperación a lo largo de tu camino en busca de la libertad financiera y la operativa en bolsa. Van a surgir situaciones en las que tendrás que tomar decisiones importantes, en las que tendrás que escoger entre negro y blanco porque no habrá opción de gris, momentos en los que tienes que estar dispuesto a perder dinero para garantizar un futuro mejor, a dejar marchar empresas para coger a otras, a prescindir de algunos placeres actuales para poder tener unos mejores en el futuro. La idea se basa en tomar las decisiones correctas y ser valiente, piensa que lo que hagas en los primero años de tu operativa financiera, condicionará tu futuro. En tus comienzos vas a sembrar y verás que los ingresos son pequeños, si te surge la duda en algún momento, revisa la gráfica del interés simple e interés compuesto, te ayudará a coger impulso mental y motivación. Pasemos a ver un poco de todo, pero sobre todo, aprende a guiarte para encontrar el rumbo entre tanto ruido.

A parte de leer este libro, te recomiendo que busques blogs que se adapten a tu estilo de inversión, Internet es magnífico, está lleno de formación gratuita y de calidad, demasiada de hecho, tendrás que filtrar, busca a aquellos autores con los que compartas filosofía o estilo de inversión, añádelos a tus favoritos y lee los artículos que publican de forma periódica, si te ha gustado el libro, puedes seguirme a mí también, no prometo escribir muy de continuo, pero seguro que encuentras calidad al igual que un análisis de mis operaciones. En definitiva, define qué tipo de inversor eres, cuál es tu estilo y a partir de ahí, empieza a alimentarlo con conocimientos extra. Este libre solo pretende ser la punta del iceberg de la libertad financiera, en el mercado puedes encontrar más libros por el estilo, no obstante, creo que lo más importante es que te he dado la caña que necesitas para empezar a pescar, te he enseñado cómo invierto yo, cómo funciona el fascinante y rentable mundo de la inversión con opciones financieras. A partir de aquí, empieza, no te cortes, haz crecer tu modelo de inversión y aprovecha las oportunidades que surjan.

"Aprende cada día, pero especialmente de las experiencias de los demás. ¡Es más barato!"

John Bogle

17. Cuidado con las rebajas.

A todos nos gusta encontrar gangas en el mercado. ¿Quién no querría comprar acciones de una empresa a 4€ si hace menos de dos años estaba a 15€? Te contaré qué me pasó durante mis primeros años en bolsa para evitarte algún disgusto. No te voy a mentir, no recuerdo exactamente el día ni el precio concreto, solo recuerdo que la hostia que me dieron fue monumental. Era el año 2010, inocente de mi había comprado acciones de la constructora Sacyr Vallehermoso puesto que desde que empezara la crisis financiera que asolaba al país, la cotización de la empresa había caído cerca de un 80 o 90 por ciento (si no me creéis, buscad un gráfico de la empresa y mirad cual fue su máximo en el 2006, llegó a tocar los 52€ por acción) y a mí me parecía un regalo, ¿Cómo es posible que nadie esté comprando dicha ganga "si hace dos días" estaba a 52€?, ese era mi pensamiento y por tanto, me lancé a comprar acciones de la empresa en la cuenta de mi padre puesto que yo aún era menor de edad y no me era posible abrir una cuenta. Al poco de comprar las acciones, la cotización siguió cayendo durante los siguientes meses, y yo como cual novato empecé a asustarme. Puse la orden de venta en el broker al mismo precio que había comprado las acciones, aunque estaba como un 15 o 20% por encima de la cotización del momento, estaba dispuesto a perder al menos las comisiones.

Cuando todo parecía negro y Sacyr no paraba de caer, en mayo de 2010 el Ecofin anunciaba el acuerdo para crear un mecanismo de 750.000 millones de euros destinado a ayudar a los países de la eurozona que pudiesen necesitar asistencia financiera. Ese mismo día, en la subasta de preapertura, la volatilidad y la cantidad de órdenes de compra era tal que muchos valores tardaron minutos en poder cruzar cotizaciones. Mis acciones se vendieron al precio que había marcado ese mismo día, justo antes de que abriera el mercado y de esta forma me liberaba de mi ruinosa inversión en Sacyr, por no llamarlo especulación, pues no había razón que fundamentara mi inversión. Al final la historia acabó con final feliz, solo perdí las comisiones en la operación, me llevé un buen susto y lo más importante, aprendí una lección valiosísima y casi gratis, por fortuna, que me ha salvado de muchas otras operaciones. En el momento de escribir estas líneas, en el año 2018, la acción de Sacyr cotiza en el entorno de los 2,30€. Es una empresa que paga un dividendo pequeño e incluso lo canceló durante algunos años. No es una empresa que encajaría en mi estilo de inversión actual y como podéis ver, la acción no ha recuperado su valor en muchos años. Esta es la primera lección que quiero que aprendas sobre la bolsa, en este negocio, es de vital importancia saber diferenciar las gangas y para ello, hay que hacer una distinción entre precio y valor. Precio es lo pagas por algo, valor, es lo que obtienes por ese algo que has pagado. El precio de Sacyr en el momento que compré las acciones, podría parecerte barato igual que me lo pareció a mí, pero el valor que obtuve a cambio, era muy inferior al precio que había pagado por hacerme con las acciones de la empresa. Identifica buenas oportunidades, empresas que coticen baratas en cierto momento porque su precio caiga pero su negocio, sus ingresos y beneficios se mantengan constantes e incluso hayan aumentado. Ahí es donde tienes las oportunidades, para mí, comprar Enagás a 20€ porque había rumores de cambio en la legislación, es una ganga, es una empresa cuyos beneficios aumentarán en los próximos años. Si a 24 euros me gustaba, ¿Por qué no me iba a gustar más a 20? Dale una vuelta a la situación, piensa desde el lado empresario, piensa que estás comprando un negocio entero, no una acción con su precio.

"Si invertir te resulta entretenido, seguramente no estés ganando dinero. Invertir bien es aburrido"

George Soros

18. Reconoce cuando debes dejar marchar a un perdedor.

Regla vital de supervivencia en bolsa, no te enamores de ninguna empresa. Por muy a largo plazo que vayas y por mucho que dure tu relación con una acción, nadie te garantiza que vaya a ser para siempre. Tienes que estar preparado para reconocer que una empresa ha cambiado, que las razones por las que compraste esa empresa ya no prevalecen. Como comentábamos anteriormente, por muy cara que se ponga una empresa de calidad, una empresa que queremos tener en cartera toda la vida, no la venderemos, haremos de ella uno de nuestros pilares del modelo de inversión. No obstante, por muy buena que fuera esa empresa en el momento de la compra, si la calidad de la empresa disminuye o si se producen cambios sustanciales, deberás tomar la decisión de venderla independientemente de que esté más cara de lo que la compraste o más barata. Como sabes, Enagás es uno de los pilares de mi cartera de inversión, creo que la compré a buen precio y recibo un buen dividendo por sus acciones, el plan estratégico que han presentado para los próximos años es muy bueno y me lo creo, con subidas importantes del dividendo. Si viera que la empresa no es capaz de seguir el camino que se ha marcado, si viera que los beneficios alcanzados no son los esperados, que no cumplen con su política de retribución al accionista pese a haberlo garantizado en sus cuentas, o si hubiesen cambios importantes en el consejo de administración de la empresa o en la presidencia, tendría que vender mis acciones y buscar lo antes posible un sustituto a Enagás donde colocar mi nueva liquidez.

Te va a parecer difícil, por supuesto, a mí también me cuesta reconocer una mala operación en bolsa y asumir pérdidas o desprenderme de una empresa que me ha acompañado varios años, pero como en el póker, hay que saber cuándo retirarse y donde está el límite. Si a una acción no se le puede exprimir más dinero, hay que retirarla. Piensa en el símil de una vaca, puedes ver el negocio desde dos puntos de vista; criar la vaca hasta que engorde, sacrificarla y venderla para consumir la carne, o puedes criar la vaca y ordeñarla muchos años. La gente que invierte a largo plazo y por dividendos, escoge esta segunda opción, pero si la vaca deja de dar leche, habrá que cambiarla por otra. Por supuesto, una empresa que deja de pagar dividendos, si yo fuera tú, lo tendría claro, la sacaría automáticamente de mi cartera, esto trata de incrementar nuestro ingreso pasivo año tras año, no de hacerlo decrecer.

Así pues, sé listo, ten agallas y deja marchar a ese perdedor antes de que se convierta en una gran pérdida o desestabilice tu modelo de inversión. Recuerda mi aventura con Sacyr, si no hubiese vendido la empresa en aquel momento y todavía las mantuviese, hoy valdrían menos de la mitad del precio al que las compré y vendí.

Otro ejemplo más reciente, poseo acciones de Naturhouse desde mayo del año pasado. Trimestre tras trimestre, la empresa ha empeorado sus resultados, las ventas han caído arrastrando el beneficio por acción y por consiguiente, la empresa se ha visto obligada a reducir el dividendo que paga. Al mismo tiempo, se ha reducido el número de tiendas por lo que aparentemente, el negocio se está deteriorando y créeme, si hay algo que me molesta es que se reduzca el dividendo porque esto supone, que este año ingresaré menos dinero de esta empresa que el año anterior. Por todo ello, ha llegado el momento de darle salida y dejarla marchar, de sustituirla por una empresa más interesante. Si te cuesta al principio, puedes desprenderte de forma parcial, no hace falta que vendas toda tu posición, deshacerte de la mitad de ella y comprar acciones de una empresa mejor y que pague un dividendo mayor, es una muy buena decisión. En mi cartera quiero empresas como Enagás, como Red Eléctrica, como el Banco Santander, empresas que aumenten su beneficio año tras año y a la vez, aumenten en dividendo, dividendo que yo recibo.

Recuerda, en la bolsa se debe tener la mente fría, estás exponiendo tu dinero, dinero que, a mí por lo menos, me cuesta mucho ganar como para invertirlo en perdedores.

"El principal problema del inversor, incluso su peor enemigo, es probable que sea uno mismo"

Benjamin Graham

19. Si quieres especular, dedícate a la apuestas.

A la bolsa se viene a ganar dinero, no a perderlo y por eso es importante tener un modelo de inversión e intentar ceñirse a él. Ya hemos dejado claro que venimos a la bolsa a construir una cartera de largo plazo que nos permita ganar un dinero extra a partir del ingreso de dividendos y que la especulación no era lo nuestro, por lo tanto, en bolsa no vamos a comprar barato pensando que la empresa estará más cara en un futuro. Lo que debes hacer si quieres seguir mi consejo, es comprar empresas cuando su precio haya caído pensando en que recuperarán su precio justo y que por tanto, estás aprovechando la oportunidad que te da el mercado de comprar algo con descuento y que además, a ese precio, la rentabilidad por dividendo es buena.

Hay muchos autores y blogs que recomiendan retirar una pequeña parte de la cartera para dedicarla a especular, para saciar ese apetito apostador que te puede surgir cuando inviertes en bolsa, esa ambición de realizar operaciones grandes con muy poco posibles rentabilidades estratosféricas. Mi consejo, no dediques ni un solo euro de tu cartera a apostar a que cierta empresa o la otra van a subir un 100 % en el año, lo más probable es que no ocurra y que la cotización siga siendo baja porque la empresa no valga prácticamente nada, otra posibilidad, es que la empresa se declare en quiebra, congelen la cotización y pierdas tu dinero.

Si quieres satisfacer ese sentimiento, haz lo que hago yo, transfiere diez euros a cualquier casa de apuestas online y quémalos, literalmente, piérdelos si hace falta, haz apuestas de 1€, te saldrán mínimo 10 apuestas y si encima tienes buen criterio y ganas algunas, puede que incluso más. Esto es lo que hago cuando me entran ganas de arriesgar mi dinero, mi herramienta para alcanzar la libertad financiera. Si consigues doblar tus 10 euros de la casa de apuestas, retíralo y juega solo con los 10 euros que te quedarán de ganancias. Si te hace sentir mejor, resta estos 10 euros al beneficio anual que obtengas de los ingresos de tu cartera de inversión.

Otra forma de especular reciente, han sido las criptomonedas, aparentemente es una burbuja en toda regla, pero hay quien se ha hecho muy rico, yo no cogí la burbuja como tal, pero hace muchos años, compré junto a mi primo unas cuantas Pesetacoin, creo recordar que mi inversión total fue de 30€. Las dejé olvidadas durante años hasta que un día recibí la llamada de mi primo diciéndome que con la fiebre del Bitcoin, las Pesetacoin también se habían inflado y su precio se había multiplicado. Mi primo me llamaba un jueves mientras estaba cenando con unos amigos de una asociación local a la que pertenezco, en cuanto llegué a mi casa, busqué como loco mi monedero (el pendrive donde tenía la copia de seguridad) que había dejado pegado a un cajón de mi cuarto con la contraseña y tras dejar el ordenador encendido 24 horas para que se actualizarán los datos, pude transferir las Pesetacoin a un Exchange y venderlas por euros. La cantidad recibida al cambio fue de 3.500€ aproximadamente. Recuerdo que ese mismo día me iba a Hamburgo con mi novia y tenía la cabeza pensando en si recibiría la transferencia de los euros o no. Al fin y al cabo, esto fue otra forma de especulación ajena a mi sistema de inversión a mi cartera, decidí arriesgar en su momento 30€ y especular en vez de jugar con mi cartera y ponerla en riesgo. ¿Podría haber ganado mucho más? Por supuesto, si en vez de 30€ hubiese apostado 3.000€ en Pesetacoin, haced la regla de tres y veréis la cantidad que habría ganado. Pero la realidad es que para mí, era y sigue siendo una burbuja, una mera especulación en la que estaba dispuesto a apostar, a arriesgarme a perder esos 30€. Espero que hayas cogido el concepto, deja fuera de tu cartera de inversión la especulación, lo que quieras arriesgar o apostar, hazlo con dinero de fuera del sistema.

"Octubre es uno de los meses particularmente peligrosos para especular en la Bolsa. Los otros meses peligrosos son julio, enero, septiembre, abril, noviembre, mayo, marzo, junio, diciembre, agosto y febrero"

Mark Twain

20. Profundicemos algo más en la diversificación.

No dejes que intenten convencerte, la diversificación no es más que la excusa que pone la gente que no hace los deberes. La gente compra muchas empresas porque tiene miedo a que una de ellas colapse. Esta excesiva diversificación se traduce en sobrecostes por comisiones y mayor posibilidad de escoger una mala candidata, pues tendremos que bajar nuestras exigencias para poder dar con una candidata que encaje en nuestro sistema de inversión. Si haces bien tu trabajo la cartera se irá diversificando sola a base de comprar empresas de calidad que de verdad quieras incorporar. Sobre esta parte ya hemos hablado antes, así que pasemos a otros puntos de la diversificación

Vas a oír a blogueros, economistas y analistas defender que el mercado español no vale nada, que es pequeño, que no se elimina el riesgo invirtiendo solo en España, que hay que salir a Estados Unidos, que el SP500 es el mejor índice, que las empresas alemanas son más fuertes, etc. Bueno si tuvieses diez millones de euros te diría que no estaría mal salir fuera de España, para el inversor común como tú y como yo, con el mercado bursátil español nos sobra. ¿Por qué digo que nos sobra? El mercado español tiene empresas de sobra, tiene todos los sectores representados y hay empresas de muy buena calidad. ¿Qué ocurre si sales de compras fuera de España? Por un lado tendrás el efecto divisa, tendrás que controlar cómo se aprecia o deprecia la divisa del otro país respecto al euro, pues puede que tus acciones suban pero si la moneda en la que has realizado la compra se deprecia frente al euro, puedes acabar perdiendo dinero cuando quieras volver a tener euros. Hace unos años compré acciones de IBM, para ello, el broker me cambió automáticamente los euros necesarios para la compra de las acciones a dólares americanos (USD) en el mismo momento en que pulsaba el botón de compra. Pasó el tiempo y mis acciones se habían revalorizado un 5%. Me encontré en una situación familiar en que tenía que vender las acciones, cuando las vendí el broker volvió a transformar los dólares obtenidos a euros de forma automática, mi sorpresa fue que debido a que el dólar se había depreciado frente al euro, las ganancias del 5% de mi operación se quedaban en un triste 0,2%. Esta operación, me permitió acabar de convencerme de que en la mayoría de los casos, la incertidumbre de tipos de interés, retención de impuestos y demás, hace que sea poco atractivo buscar mercados extranjeros.

Seguro que estás pensando ¿Qué ocurre con los mercados europeos que utilizan euros? ¿Qué ocurre con Francia, Italia o Alemania? Es cierto que en estos países no vas a sufrir el efecto del cambio de divisa, no obstante, si vas a cobrar dividendos siguiendo nuestro plan de inversión te encontrarás con el problema de las retenciones. Los países Europeos, al igual que casi cualquier otro país y al igual que ocurre en España, te van a retener parte del dividendo. El problema es que aunque te hayan retenido dinero en el país de origen, tendrás que volver a tributar el dividendo en España, eso es lo que se llama doble imposición, tendrás que pagar dos veces por el mismo ingreso. Para combatirlo, el Estado español tiene acuerdos con otros países por lo que te devolverán parte de la retención, en concreto hasta un 15%. Es decir, que si en un país te han retenido un 19%, España te devolverá el 15% cuando hagas tu declaración de la renta y por tanto solo perderás ese 4% de diferencia.

En muchos países es posible pedir que nos devuelvan la diferencia, pero seamos sinceros, las opiniones que veo por internet, son poco halagüeñas al respeto y la gente insiste en que es realmente difícil conseguir que te devuelvan ese dinero, además de ser un proceso complejo, pues cada país tiene su forma de solicitarlo y proceder. Veamos pues, cuál es la retención en origen que aplican algunos países, la cantidad que recuperarías al hacer la declaración y la pérdida que tendrías, sin olvidar que aun tendrías que tributar tus dividendos en España.

País	Retención en Origen	Recuperación posible	Pérdida ocasionada por la doble imposición
Alemania	26,375%	15%	11,365%
Bélgica	27%	15%	12%
Dinamarca	27%	15%	12%
Noruega	27%	15%	12%
Francia	30%	15%	15%
Finlandia	30%	15%	15%
Suecia	30%	15%	15%
Holanda	15%	15%	0%
Italia	26%	15%	11%
Portugal	35%	15%	20%
Suiza	35%	15%	20%
Reino Unido	10% (por no residente)	10%	0%
EEUU	15% (con W-8BEN)	15%	0%
Canadá	25%	15%	10%

Si te fijas en la tabla superior, la doble imposición puede hacer que algunas inversiones basadas en dividendos pierdan atractivo al tener que tributar en exceso. De ahí viene mi reticencia a invertir en empresas que cotizan en mercados extranjeros. Es cierto que Reino Unido puede presentar buenas oportunidades debido a la caída de las cotizaciones por el reciente proceso de salida de la Unión Europea y la depreciación de la libra esterlina frente al euro, pero habrá que controlar los movimientos de su moneda.

Como ves, diversificar no siempre es fácil y por supuesto tiene riesgos asociados que la gente suele desestimar. Mi consejo sigue siendo el que te he dado a lo largo de todo el libro, identifica buenas empresas en España, espera el momento adecuado para vender opciones sobre las mismas e incorpóralas a tu cartera. Esta misma irá diversificándose por sí misma gracias a tu buen criterio, el análisis que hagas de las compañías y lo caprichoso que sea el mercado para ejecutarte las opciones. La idea que debe quedarte es que prima la calidad sobre la cantidad, por lo tanto vale la pena pocas empresas de la mejor calidad a unas cuantas en las que haya que reducir la calidad y además, incurrir en gastos extra o reducir nuestro ingreso pasivo por retenciones excesivas e innecesarias habiendo empresas de calidad en España y de todo tipo de sectores.

"Una diversificación amplia sólo es necesaria cuando el inversor no entiende lo que está haciendo"

Warren Buffet

21. ¡Vamos, controla el estrés, es Bolsa!

Vas a ver tus acciones subir y bajar, y probablemente mucho. Es importante que controles tus emociones, si no tienes la capacidad de mantener la calma cuando veas tus acciones caer un 10%, un 25% o incluso más, podría decirte que este mundo no es para ti, pero realmente creo que todo el mundo puede participar de la bolsa, lo único, que es probable que si te pones nervioso, acabes sufriendo un poco más que la media. A nadie nos gusta ver perder nuestro dinero, pero hazte a la idea, vas a ver los números rojos, igual que yo y que todos los inversores del planeta, vas a tener pérdidas latentes alguna vez en tu cartera al igual que tendrás beneficios. La bolsa es volatilidad, unos días sube y otros días baja, puede tirarse dos semanas seguidas cayendo y parecer que se va a los infiernos y para cuando nadie se lo espere, rebotar con fuerza.

Por eso es importante que tengas clara la estrategia, cuando todo vaya mal, debes de mantener la calma. Añadiste esas acciones a tu cartera por alguna razón, la principal, recibir ingresos pasivos por medio de los dividendos. ¿El dividendo de la empresa sigue siendo viable y garantizado? Perfecto, principal razón para seguir manteniendo las acciones en tu cartera independientemente de lo que haga la bolsa. ¿Las perspectivas económicas de la empresa siguen siendo igual de buenas que cuando añadiste la empresa a tu cartera? Según la respuesta a esta pregunta, podrás decidir si te quedas las acciones y las caídas no están justificadas o si por el contrario, las caídas están justificadas y acompañan al empeoramiento de las cuentas de la empresa.

Muchas veces la bolsa cae en barrena, no distingue de sectores, empresas o países, una mala noticia basta para que los mercados se hundan, da igual si tienes la mejor empresa del mundo en cartera, cuando toque bajar, el mercado la arrastrará con él. La diferencia de tener una buena empresa en cartera se ve cuando se recupera de las caídas antes que la media del mercado o cae menos que la media. Esto ocurre porque la mayoría de la gente que tiene la empresa en cartera sabe que es buena y que vale mucho más y por tanto, no quiere desprenderse de ella, por eso cae menos y se recupera antes, porque la gente que sabe que es una buena empresa, está encantada de adquirirla a buen precio y aprovecha las rebajas.

Al igual que debes controlar el estrés y los nervios para no morderte las uñas y malvender tus empresas cuando la bolsa se hunda arrastrándolas con ella, también debes de mantener la calma cuando veas tus acciones subir un 15% o más. Recuerda que comprar una excelente empresa a buen precio suele ser muy difícil, por lo tanto, no debes cometer el error de malvenderla o deshacerte de ella a la primera de cambio que la veas subir. Recuerda que la idea es que esas empresas se queden en tu cartera durante muchos años y puedas ir exprimiendo su dividendo. Si vendes la empresa, tendrás un beneficio inmediato al cual tendrás que restarle los impuestos, por lo tanto, el beneficio neto será menor de lo que crees, además, piensa una cosa; ¿Qué ocurre si la empresa no vuelve a bajar a un precio interesante en los próximos años? ¿Y si la empresa sigue aumentando sus beneficios y no baja el precio? Habrás perdido la oportunidad de tener en cartera una empresa excelente. Créeme, cuesta crear una cartera de calidad, empresas como Red Eléctrica (REE) o Enagás (ENA) no son empresas que bajen a precios atractivos cada año, pero lo que sí hacen cada año es aumentar el beneficio y el dividendo.

Debes de ser sensato en ambos sentidos y tener un plan elaborado de antemano, en tu cabeza tienes que tener la guía de funcionamiento de tu sistema interiorizada y memorizada. Recuerda a qué precio compraste y por qué razón. Adelántate en tu cabeza a cada movimiento, cada vez que hagas una operación para incorporar una empresa a tu cartera, será porque ya la tenías estudiada, la considerabas una empresa de calidad para tu cartera y por eso la pusiste en tu radar con un precio objetivo al que la comprarías. No tienes que hacer nada más, cuando la empresa caiga a dicho precio, ejecutarás la compra. Todas tus operaciones deben de estar premeditadas y tú estar convencido del por qué las realizas para no cambiar de idea. Recuerdo cuando en primer año de carrera operaba con futuros del mini Ibex, era tanta la incertidumbre que tenía, que hacía las cosas dejándome llevar simplemente por los movimientos del gráfico llegando a comprar y vender la posición en cuestión de minutos. Esto como ya habrás imaginado, se tradujo en un balance más o menos similar de pérdidas y ganancias y muchas comisiones de compraventa pagadas a mi broker.

Al igual que has entendido que tener un plan de entrada y una estrategia para adquirir las acciones ha de ser meditado y estudiado a conciencia, también debes tener un plan de salida para cada una de las empresas que adquieras. Piensa un segundo, la bolsa cambia constantemente, hay mucha volatilidad y el entorno económico cambia para bien y para mal. Si las cosas cambian ¿Qué has de hacer con las empresas que tienes en cartera? ¿Has de venderlas? ¿A qué precio? ¿Cuándo? Y lo más importante, ¿Por qué? Para eso sirve un plan, para tener todos los escenarios posibles contemplados y que cuando surja la avaricia de las subidas o el pánico de las bajadas, no tengas que pensar teniendo la mente condicionada sino seguir un plan que trazaste con calma y haciendo los deberes.

No dejes que sean tus sentimientos los que te hagan realizar operaciones equivocadas, sigue tu plan y mantén la calma tanto en las subidas como en las bajadas. Es normal que se den fluctuaciones en los precios del 15% tanto al alza como a la baja, incluso mayores, no compres o vendas sin motivos, espera la oportunidad y ejecuta limpiamente.

Al final no todo es dinero, la salud también cuenta y por ello, no deberías sobre pasar tus límites. Solo tú sabes con qué capital máximo invertido estás cómodo y te sentirás tranquilo durmiendo por las noches. Lo que nunca se debe hacer, es emplear un dinero que sabes que vas a necesitar próximamente, pues si el mercado inicia un ciclo bajista puede que te toque salir en pérdidas, no podrás jugar la baza de esperar más tiempo a ver si la situación se da la vuelta, te verás atrapado por cubrir una necesidad y tendrás que vender, aunque no sea el mejor momento para hacerlo, llevándote un mal sabor de boca. Personalmente, creo que esta es una de las principales razones por las que la gente pierde dinero en la bolsa de valores.

"A menos que puedas ver tus acciones caer un 50% sin que te cause un ataque de pánico, no deberías invertir en el mercado bursátil"

Warren Buffet

22. ¿Cuándo sube la bolsa y cuando baja?

Seguro que es una pregunta que te estás haciendo casi desde el inicio del libro. La gente en general tendemos a pensar que la bolsa sube cuando todos compran y que la bolsa baja cuando la gente vende. Esto es un error común y te explicaré por qué. El impacto que los pequeños inversores causamos a la bolsa con nuestros movimientos, es inapreciable, la mayoría de los movimientos en bolsa vienen por parte de los robots de trading automático o inversores de tamaño considerable a los que llamaremos "ballenas".

Visto esto, queda claro pues, que si la bolsa cayera cuando las ballenas venden, arrastrarían el precio hacia abajo al vender cada vez más acciones y por lo tanto irían restando ganancias conforme el precio vaya bajando. Esto hace pensar a mi parecer, de la siguiente manera; la bolsa cae cuando las ballenas no están comprando y los pequeños vendemos arrastrados por las malas noticias que escuchamos en la prensa o la necesidad de dinero en efectivo. Al no estar comprando los grandes, no hay quien compre nuestras acciones y los precios caen. Para cuando nosotros vendemos, ellos ya han vendido y han salido con beneficios. Las ballenas tienen capacidad de sobra para aguantar el mercado si quieren, si el precio cayese y no les interesase que las acciones bajasen de cierto nivel, saldrían al mercado a comprar para aguantar el precio en el rango que les interesase.

¿Qué ocurre entonces para que la bolsa suba? Pues más de lo mismo, o mejor dicho, justo lo contrario. La bolsa sube siempre que los grandes inversores, que los institucionales, bancos de inversión o fondos no están vendiendo, es decir, cuando las ballenas no se desprenden de sus acciones y al mismo tiempo, los pequeños inversores compramos y empujamos los precios hacia arriba sin que nos pongan oposición. Míralo desde otro punto de vista. Si la bolsa subiese cuando las ballenas salen al mercado de compras, empujarían los precios hacia arriba y cada acción que compraran les resultaría más cara que la anterior y por consiguiente, el futuro beneficio que les quedaría sería cada vez menor al tener un precio medio de compra más alto. Por lo tanto, los grandes aprovechan para comprar cundo el resto estamos vendiendo a precios bajos arrastrados por el pánico de las noticias que oímos en la tele cuando dicen que todo va mal o cuando los titulares de la prensa económica van a por alguna empresa en concreto. No te fíes de lo que veas u oigas, al final, lo que importa en nuestro modelo de inversión son dos cosas: la situación real de la empresa que se refleja en las cuentas de las mismas y el precio a que compramos dichos números.

Los movimientos en bolsa se mueven por ciclos, las ballenas mueven porcentajes importantes de la empresa y cuando compran o venden, lo hacen de posiciones grandes, muy grandes a veces. Esas posiciones, no se pueden adquirir en un solo día, pues la demanda de acciones superaría por mucho a la oferta y el precio se dispararía, comprarían muy caro y harían mucho ruido en el mercado. Las compras se hacen a lo largo de meses, poco a poco van acumulando acciones de las empresas que les interesan mientras los pequeños inversores vendemos. Lo mismo ocurre con las ventas, cuando el precio de la acción alcanza el nivel que consideran apropiado, van vendiendo poco a poco durante semanas mientras nosotros compramos las acciones que venden y vamos absorbiendo sus ventas. Si vendiesen de golpe posiciones tan elevadas, la acción se desplomaría, desvelarían sus movimientos al mercado y el resto de jugadores que se uniesen a las ventas continuarían tirando el precio hacia el suelo.

Recuerda, tus movimientos en bolsa son nada comparado con lo que se mueve en el mundo, quizá con algo de dinero, con unos cuantos miles puedas mover alguna minúscula empresa al alza o a la baja, pero no te compensará, pues si eres capaz de mover una empresa con tu capital, es que probablemente, la empresa sea tan pequeña o mueva tan poca liquidez que no te interese invertir en ella salvo que quieras quedar atrapado en una trampa de liquidez. ¿Qué es una trampa de liquidez? Algo que realmente desearás que no te pase nunca. Piensa por un momento, ¿Qué puede pasar si una empresa mueve muy poco dinero cada día en la bolsa? Que si quieres comprar, el precio que pagues será elevado, pues poca gente estará vendiendo y a poco que quieras comprar, se disparará el precio. Por el lado de la venta, más de lo mismo, puede que quieras salir de la empresa si ya tienes acciones y que a la hora de venderlas, descubras que la demanda por las acciones de la compañía es casi inexistente, es decir, nadie está interesado en ella, por lo que al venderlas el precio caerá bastante y la única forma de escapar sería esa, malvender las acciones para poder salir. Por ejemplo, según se desprende de la web de la propia entidad, Santander.com, el Banco mueve de media más de 72 millones de acciones al día, lo que es equivalente a cerca de 300 millones de euros a groso modo. Como ves, aquí no vas a tener problema en meter y sacar tu dinero, lo mismo ocurre con empresas como BBVA, Inditex, Telefónica o Iberdrola por mencionar algunas. En el lado opuesto, viendo los volúmenes del mercado continuo español en el diario Eleconomista.es tienes Borges, la empresa de frutos secos, hoy día 23 de Julio ha movido cerca 442 acciones por un total de 2.200€, por poner otro ejemplo, la empresa

Bodegas Riojanas, ha movido en el mismo día, 16 acciones por un total de 90,40€.

En 2016, compré 20€ de la empresa Motive Television PLC en la bolsa Londinense, la única razón por la que malgasté esos 20€ es porque la empresa cotizaba al borde de la quiebra y con 20€ conseguías muchas acciones, miles de ellas. A día de hoy y tras muchos contrasplits de los que ni me he enterado, todavía tengo las acciones, solo que se redujeron al irrisorio número de 200 y me es imposible desprenderme de ellas, intenté venderlas por quitármelas de encima cuando aún cotizaba y me fue imposible, no había a quien venderle. Hoy día, mucho menos, la empresa está suspendida de cotización desde 2016.

Lo que quiero que veas con esto, es que aunque una empresa parezca buena y te guste mucho, debes tener en cuenta los volúmenes que mueve, si no, te quedarás atrapado en la trampa de liquidez y tendrás dificultades para salir de la empresa y vender tus acciones. Recuerda que una de las ventajas por las que nos gusta (al menos a mí) la bolsa, es por su liquidez, por su facilidad de deshacerte de las acciones y recuperar tu dinero, ésta es una de las ventajas competitivas que otros activos de inversión no te dan.

"En el corto plazo, tus rentabilidades siempre serán rehenes de Mr. Market y sus caprichos"

Jason Zweig

23. Gana el juego de los impuestos.

Vaya por delante, que soy un defensor de pagar los impuestos que corresponda, independientemente de que consideremos que sean elevados o no, hay que cumplir con la ley. Gracias a los impuestos que pagamos, tenemos derecho a un sistema sanitario excelente, en España, si necesitas una operación de cientos de miles de euros, la Seguridad Social la cubre sin que tengas que pagar nada. No obstante, si puedes retrasar su pago, te ayudará a hacer crecer tu sistema más rápido ya que el capital disponible para invertir será mayor al no tener salidas de efectivo por el pago de impuestos. Como comento, de lo que trata es de retrasarlos todo lo que sea posible.

A lo largo de los años, vas a realizar alguna operación mediante la cual te desprenderás de alguna acción en positivo, es decir ya sea porque quieras salir del mercado vendiendo las acciones al contado o porque vendas opciones CALL sobre alguna empresa que consideres sobrevalorada, (si no te importa desprenderte de las acciones, y la otra parte ejecuta la opción obligándote a venderlas) tendrás un beneficio y salvo que hagas algo, tendrás que pagar impuestos en tu próxima liquidación, vayamos por partes.

Con los dividendos, no hay posibilidad de nada, el broker te retendrá por adelantado el impuesto. En el caso de España, te retendrán el

19%, a parte, tendrás que declararlos igualmente en la declaración de la renta. Pero no ocurre así con los beneficios resultantes de la venta de acciones, llegado el momento de hacer la declaración de la renta, deberás declarar el valor de la compra y el valor de la venta y pagar impuestos por la diferencia.

Veamos ahora lo que te sugiero yo. En el momento de vender las acciones con beneficios, busca alguna empresa en cartera en la que estés perdiendo dinero y véndela también. El objetivo es que a final de año, los beneficios de la compraventa de acciones sea igual a cero euros o lo más cercano posible. Con un ejemplo seguro que lo ves mejor; ¿Recuerdas aquellas acciones de Endesa que tenía y me obligaron (y yo encantado con ello) a vender a 19,50€ el 27 de junio cuando me ejecutaron las opciones CALL que tenía vendidas? ¿Sí? Perfecto, aquella operación me reportó un beneficio de 604€; si tuviese que pagar un 19% de ese beneficio en mi declaración, tendría una salida de capital de 114,76€. Como no quería tener que verme obligado el año que viene a sacar de mi bolsillo 114,76€, decidí realizar la venta de 200 acciones de Mediaset que tenía en pérdidas, en concreto, el 02 de Julio vendí las acciones de Mediaset a 7,09€ (las tenía compradas a 9,68€) con una pérdida de 525€ y prácticamente me compensaba las ganancias, a continuación, volví a comprar las acciones de

Mediaset a 7,09€ (mismo precio de la venta) para seguir teniéndolas en cartera.

Como veis, aquí hay dos cosas importantes: la primera, que evitaremos la salida de capital por el pago de impuestos, por lo que tendremos todo el capital de la venta de las acciones de Endesa disponibles para reinvertirlo en nuevas acciones. La segunda, que como no nos interesa tener beneficios por compraventa, podemos no celebrar el beneficio de Endesa (es decir, contar como que no lo hemos tenido) y tampoco la perdida de Mediaset (contar como que tampoco la hemos tenido), de esta forma, ahora tenemos en cartera las acciones de Mediaset compradas a 7,09€.

¿Ves dónde está la magia? Me negarás que la jugada es buena... Échale ahora un vistazo a la parte psicológica de la operación, porque, créeme, desde la experiencia personal, no hay nada más demoledor que una cartera teñida de rojo, las acciones en pérdidas, pueden llegar a erosionar tu moral y tus ánimos, por ello, siempre que puedas eliminar esas pérdidas de tu cartera (ojo, no me refiero a vender las acciones en pérdidas y dejarlo así, me refiero a lo que acabamos de ver, compensar ganancias y recomprar las acciones) te recomiendo que lo hagas. Si en un futuro te ves forzado a vender alguna posición de tu cartera en pérdidas porque la empresa ya no te resulta interesante o porque te ves forzado a ello, la barrera psicológica será menor si el precio de venta es menor, ya que las pérdidas son menores, aunque al final saques valor para hacer lo correcto, al final te costará menos y te sentirás menos culpable vendiendo una empresa en la que pierdes dos cientos euros que dos mil euros. Estoy replanteándome mi posición de dos mil acciones de Naturhouse debido a la rebaja del dividendo que han anunciado hoy mismo, tengo algunas pérdidas en la empresa, casi esos dos mil euros que menciono, afortunadamente, prácticamente la mayoría de ese dinero lo he ingresado en dividendos de la empresa, pero se me hace un poco cuesta arriba reconocer casi dos mil euros de pérdidas en valoración; no obstante, si llega el momento habrá que armarse de valor y hacerlo.

La razón por la que he querido hablarte de este tema, es porque cada euro cuenta, así que si puedes ahorrarte algunos euros a final de año mejor que mejor. Como ves, la gestión monetaria y la liquidez, también son importantes. Al final, el ingreso pasivo que recibimos cada mes o cada año es el mismo compensando las ganancias o no, pues las acciones que mantendremos en cartera son las mismas, no obstante, lo que evitamos, es la salida de capital.

La psicología es muy importante en el mundo de las inversiones, por ello, tienes que intentar que las situaciones jueguen siempre a tu favor y te dejen dormir tranquilo. No te voy a decir que evites mirar la bolsa cada día porque cuando tienes tu dinero invertido, cuesta no querer tenerlo controlado, pero con este modelo, solo deberías mirarla para buscar nuevas oportunidades. Recuerda, las ganancias te van a hacer sentir muy bien, pero las pérdidas van a tener un efecto mucho más negativo en tu estado de ánimo, por lo tanto, siempre que tengas oportunidad, redúcelas como hemos visto y retrasa a la vez la salida de capital de tu sistema de inversión.

"¡Los costes importan!"

John Bogle

Todos tenemos opciones.

Unos cuantos capítulos que te enseñarán a invertir con opciones financieras.

24. La razón de esta segunda parte.

Después de escribir los capítulos anteriores y tener prácticamente todo listo para publicar el libro, llegué a la conclusión de que iba a ser necesario profundizar en el apartado de las opciones financieras. Por ello, me puse de nuevo a escribir y desarrollé esta segunda parte más avanzada donde pretendo ayudarte a conocer en profundidad cómo funciona la operativa con opciones.

La operativa con opciones financieras, lejos de ser una forma de inversión arriesgada, es con diferencia un instrumento financiero que puede ofrecer a los inversores rentabilidades superiores a la compra de acciones tradicional. La idea, es que después de leer este nuevo proyecto que te traigo y que con mucho esmero he escrito, desees incorporar las opciones financieras a tu operativa diaria y éstas pasen a ser tu principal herramienta para hacer crecer y proteger tu cartera.

A lo largo de los capítulos venideros, te daré toda la información que necesitas para sentirte cómodo operando con opciones. He reservado unos capítulos para explicar las diferentes estrategias que yo utilizo a la hora de invertir. Aprenderás cómo se puede comprar acciones con descuento, cómo proteger tu cartera ante caídas de la bolsa, cómo rentabilizar las acciones que tienes en cartera y cómo asegurarte la compra de acciones para el futuro si ahora mismo no dispones de suficiente dinero para comprar las acciones.

Otro de los puntos que he querido tratar en esta segunda parte del libro, es la selección de empresas. A través del blog y charlas con muchos de mis lectores, he podido saber que tras empezar a poner sus finanzas en orden, y dar sus primeros pasos en bolsa para rentabilizar sus ahorros, se hacían la misma pregunta. ¿Cómo sé que empresas escoger para mi operativa? Existen gran variedad de criterios para saber en qué empresas invertir, pues cada inversor tiene sus propios criterios, a algunas personas les funcionan unos indicadores y a otras unos completamente distintos. Yo compartiré con el lector aquellos que considero esenciales y a mí me funcionan gratamente. Veremos que algunos de ellos como el pago de dividendos o el nivel de deuda son claves.

Tras la lectura de este libro, como inversor serás capaz de operar con opciones financieras con total tranquilidad, éstas se convertirán en tu activo preferido y pasarás a ver la bolsa desde otra perspectiva. Podrás dejar atrás las bajas y aburridas rentabilidades para invertir de una manera más inteligente y beneficiosa.

Acompañaremos los capítulos con todos los ejemplos necesarios para afianzar con mayor seguridad los conceptos que veamos, ejemplos reales de mi operativa diaria o la de otros inversores que conozco. No importa que no hayas operado antes en bolsa, empezar con opciones puede suponerte un ahorro de tiempo, por ello, he querido enfocar estos capítulos de forma que los lectores que ya son inversores puedan conseguir un conocimiento extra y un perfeccionamiento, que puedan mejorar su operativa con la incorporación de un nuevo instrumento, pero también, que aquellos que no han invertido nunca, puedan aprender cómo empezar la aventura.

La última parte del libro, está dedicada a repasar el modelo de inversión para la formación de nuestra cartera de acciones. Si el objetivo a largo plazo es conseguir la independencia financiera por medio de la bolsa, lo lógico será que llegado el momento, dejemos de aportar dinero a nuestro modelo para recoger los frutos sembrados. Veremos cómo es posible adelantar ese momento y cómo hacer crecer nuestra cartera a un ritmo superior a la media con la correcta combinación de dividendos y primas ingresadas.

No he querido que este libro sea extenso, muchas veces menos es más y por ello, trata de que recoja los conocimientos necesarios de forma precisa. Si puedes aprender en menos tiempo cómo funciona la operativa, antes podrás pasar a la acción.

Deseo que las próximas páginas te sean llevaderas y que sobre todo las disfrutes, que devores cada capítulo deseando llegar al siguiente para aprender y ponerte cuanto antes a ganar dinero, a poner tu dinero a "trabajar" para ti, a "trabajar" para alcanzar la libertad financiera lo antes posible.

"Cuanto más simple es, más me gusta"

Peter Lynch

25. Descubriendo las opciones.

Como imaginarás, vamos a hacer de las opciones la parte central del libro, por ello, es importante que te familiarices con ellas y las entiendas a la perfección desde el principio, de lo contrario, nada de lo que venga a continuación tendrá sentido para ti y el libro te parecerá aburrido.

Las opciones financieras son contratos que se establecen entre el comprador y el vendedor del instrumento financiero. Como veremos posteriormente cuando profundicemos en los tipos de opciones, una de las partes asumirá la obligación del contrato y otro asumirá el derecho. ¿Qué quiere decir esto? Que dependiendo del tipo de opción con la que se opere, alguien tendrá la obligación de comprar las acciones y alguien el derecho de vendérselas si quiere, o viceversa, alguien tendrá la obligación de venderlas y la otra parte el derecho a comprarlas o no.

Como ves, las opciones no son iguales que los futuros o CFDs y presentan un riesgo menor que estos activos financieros, de hecho, me atrevería a decir que realizando una operativa con sentido común y buenas prácticas, el inversor está expuesto a un riesgo menor del que experimentaría con la compra tradicional de acciones.

Uno de los aspectos fundamentales de las opciones es su liquidez, es decir, la posibilidad de cerrar las posiciones cuando queramos, en este sentido, son equiparables a las acciones, durante el horario de mercado, podremos deshacer posiciones como nos interese.

Conceptos sobre opciones.

A continuación, detallo algunos de los términos que leeréis a lo largo del libro y que estarán presentes en vuestra operativa diaria en cuanto empecéis a invertir a través de este instrumento financiero. Si sigues mi blog, seguro que ya estarás familiarizado con ellos, no obstante, aprovecha la oportunidad para repasarlos.

Strike: es el precio al que se realiza la operación, es decir, es el precio al que se comprarán o venderán las acciones que represente la opción.

Vencimiento: es la fecha en que se llevará a cabo la operación, está compuesta de día, mes y año y es el momento en que se intercambiarán las acciones que componen la opción.

Nº acciones: por lo general, el número de acciones que representa una opción es de 100 unidades. Por lo que cada vez que operemos con 1 opción, hablaremos de comprar o vender 100 acciones.

Subyacente: es el producto que hay tras la opción. Es decir, en nuestro caso ya que solo operamos con opciones sobre acciones, (no utilizaremos índices, divisas, materias primas, etc.) serán las acciones de la empresa escogida. Para entenderlo, si por ejemplo vendemos una opción PUT de Iberdrola, tendremos la obligación de comprar 100 acciones de dicha empresa. El subyacente, será las 100 acciones de Iberdrola.

Opciones Americanas vs opciones Europeas.

A la hora de abrir una posición con opciones, tenemos que tener en cuenta si se trata de opciones americanas o europeas. La realidad es que la operativa con ambas es similar y no vas a tener que realizar ninguna operación distinta para contratar unas u otras. La única diferencia, es que unas pueden ejercerse antes de la fecha de vencimiento y las otras, por el contrario, no podrán ejercerse hasta la fecha de vencimiento acordada al abrir la operativa. Lo mejor es que te lo muestre con un ejemplo.

Opciones Americanas: Pueden ser ejercidas a lo largo de su vida, en cualquier momento desde que se abre la posición hasta la fecha de ejercicio por la parte que tiene el derecho. Es decir, la persona que compró la Call o la Put.

Si tenemos una opción sobre las acciones de Mediaset con vencimiento el 17 de diciembre de 2020, a un precio de ejercicio de 6,5€, con una opción americana no tendremos que esperar a la fecha de vencimiento para determinar el beneficio de ambas partes y tomar la decisión de ejercicio o no. Imaginemos que la acción de Mediaset cotiza hoy a 7,5€, como estaríamos ganando un euro por acción, podríamos tomar la decisión de ejercer la opción antes de vencimiento y comprar las acciones a 6,5€. La ventaja de este tipo de opciones, que además, es la más extendida, es que aporta a los inversores una mayor flexibilidad frente a las opciones europeas, facilitando así la toma parcial de beneficios o la reducción de pérdidas.

Opciones Europeas: Únicamente se podrá ejercer en una fecha concreta y cerrada, en la fecha de vencimiento. Por ello, tanto el comprador como el vendedor deberán esperar a dicha fecha para que el comprador de las mismas, decida si le es rentable ejercer su derecho sobre las opciones o no.

Si tenemos una opción sobre las acciones de Mediaset con vencimiento el 17 de diciembre de 2020, a un precio de ejercicio de 6,5€, con una opción europea, deberemos esperar a diciembre para determinar el beneficio de ambas partes. La ventaja de este tipo de opciones es que puede dar mayor tranquilidad y visibilidad a la operativa ya que hasta la fecha de vencimiento, no se tendrían que intercambiar las acciones y el dinero.

No obstante, el tipo de opciones, por lo general vendrá determinado por el broker con el que tengas tu cuenta ya que solo suelen ofrecer un tipo de opciones.

Las 4 posibles operativas con opciones.

A la hora de operar con opciones, son cuatro las alternativas que como inversor tendrás. A lo largo del libro veremos distintas estrategias que pueden llevarse a cabo dependiendo de nuestro objetivo y el tipo de opción escogida. Habrás podido leer en las páginas previas que hay opciones Call y opciones Put, en función de la opción escogida y la decisión de compra o venta, serán cuatro las operativas que se podrán llevar a cabo.

Compra opción Call: Da derecho a comprar las acciones del subyacente al precio de strike en la fecha de vencimiento. Se tiene que pagar una prima por disfrutar del derecho. Por ejemplo, en la operación BBVA C6.50 16MAR18@0.30 EUR. Estaríamos comprando una Call sobre 100 acciones del BBVA, que nos dará el derecho a adquirir las acciones el 16 de marzo de 2018 si nos interesase, a un precio de 6,50€.

Por dicho derecho, habríamos pagado 30€, es decir 0,30€ por cada una de las 100 acciones que forman la opción.

Venta opción Call: Obliga a vender las acciones del subyacente al precio de strike en la fecha de vencimiento. Por tomar la obligación frente al inversor que tiene el derecho de compra de las acciones, ingresaremos la prima que el comprador de la Call haya pagado. En el caso de la operación TEF C7.25 21MAR20@0.70 EUR. Estaríamos vendiendo una Call sobre 100 acciones de Telefónica, que nos pondrá la obligación de vender las acciones el 21 de marzo de 2020 (si al inversor que compró la Call le interesa en dicha fecha) a un precio de 7,25€. Por tomar dicha obligación, habríamos ingresado 70€, es decir 0,70€ por cada una de las 100 acciones que forman la opción.

Compra opción Put: Da derecho a vender las acciones del subyacente al precio de strike en la fecha de vencimiento. Se tiene que pagar una prima por disfrutar del derecho de poder vender las acciones al precio acordado. Si realizáramos la operación IBE P6.75 27DIC18@0.20 EUR. Estaríamos comprando una Put sobre 100 acciones de Iberdrola, ésta nos dará el derecho a vender las acciones el 27 de diciembre de 2018, si nos interesase en dicha fecha, a un precio de 6,75€. Por dicho derecho, habríamos pagado 20€, es decir

0,20€ por cada una de las 100 acciones que forman la opción.

<u>Venta opción Put:</u> Obliga a comprar las acciones del subyacente al precio de strike en la fecha de vencimiento. Por tomar la obligación frente al inversor que tiene el derecho de venta de las acciones, ingresaremos la prima que el comprador de la Put haya pagado. Si abriésemos por ejemplo la operación SAN P4.33 17DIC21@1.11 EUR. Estaríamos vendiendo una Put sobre 100 acciones del Banco Santander, que nos pondrá la obligación de comprar las acciones el 17 de diciembre de 2021 (si al inversor que compró la Put le interesa vendérnoslas en dicho momento) a un precio de 4,33€. Por tomar dicha obligación, habríamos ingresado 111€, es decir 1,11€ por cada una de las 100 acciones que forman la opción.

Como hacía señalar al principio del capítulo, las opciones son contratos en las que una parte toma la obligación y la otra el derecho. El inversor que toma el derecho es quien paga la prima y compensa al otro inversor por tomar la posición de obligación.

En el cuadro que facilito a continuación, queda resumida de forma más visual la comparativa entre las diferentes operativas que se pueden llevar a cabo con las opciones. Como puedes apreciar, las posibilidades de este instrumento son muchas y se puede adaptar a las necesidades que como inversor tengas en cada momento, ya sea para ganar liquidez y hacer crecer tu cartera, garantizarte la compra o la venta de las acciones a cierto precio o proteger tu cartera frente a caídas del mercado.

Tipo de operativa	Resultado objetivo	Pagamos o Ingresamos	¿Cuándo y para qué utilizarlas?	¿Qué precio pagamos o recibimos?
Compra CALL	Da derecho a comprar al precio de strike en la fecha de vencimiento	Pagamos la prima	Cuando queramos garantizarnos poder comprar a un precio	Pagamos Strike (precio de la acción) más la prima
Venta CALL	Obliga a vender las acciones al precio de strike en la fecha de vencimiento	Ingresamos la prima	Cuando queremos vender con un extra, por encima del precio que tenemos en mente.	Recibimos Strike (precio de la acción) más la prima
Compra PUT	Da derecho a vender al precio de strike en la fecha de vencimiento	Pagamos la prima	Cuando queramos garantizarnos poder vender a un precio	Recibimos Strike (precio de la acción) menos la prima
Venta PUT	Obliga a comprar las acciones al precio de strike en la fecha de vencimiento	Ingresamos la prima	Cuando queramos comprar acciones con descuento	Pagamos Strike (precio de la acción) menos la prima

Los dividendos y las opciones.

Puesto que nuestro objetivo a largo plazo es formar una cartera de acciones que nos pague dividendos de forma constante cada año, será de vital importancia que sepamos cómo afectan los dividendos a las opciones, de esta forma, podremos calcular si la prima de una opción es interesante frente a los dividendos que se descontarán de la acción.

Cuando una empresa paga un dividendo, éste se descuenta unos días antes de la fecha de pago, tres días por lo general, es lo que se conoce como "Ex-date" y es muy importante tenerla en cuenta de cara a escoger la fecha de vencimiento de nuestras opciones, pues si la fecha de vencimiento cae unos días después de la "Ex-date", recibiremos las acciones con el dividendo descontado, por lo que el precio al que cotice en el mercado en ese momento, será menor del que pensábamos.

Imaginemos ahora una situación ficticia ya que los datos son aproximados, pero dicha situación podría dar de manera muy similar en nuestra operativa. Vendemos una opción PUT sobre acciones de Mediaset con vencimiento el 23 de mayo de 2019 a strike 6,5€ y por ello, recibimos una prima de 0,50€. Si consideramos que la empresa paga su dividendo por ejemplo el 24 de mayo, el día 21 de mayo habrá descontado ya el dividendo y por lo tanto la acción lo reducirá de su cotización. Es decir, si por ejemplo cotizase a 7,02€ el lunes de esa misma semana, podríamos pensar que no se ejecutarán las acciones ya que la cotización sería 0,52€ superior al precio de strike. No obstante, el 21 de mayo, se descontarían los 0,60€ de dividendo, por lo que la empresa pasaría a cotizar ese día a 6,42€, lo que dejaría la cotización de Mediaset por debajo del precio de strike y habría un claro riesgo de que se llevase a cabo el intercambio de acciones en la fecha de vencimiento de las opciones. Es importante tener en cuenta que estos hechos pueden darse ya que afectan a la rentabilidad de la operativa y podemos encontrarnos, con que a vencimiento, la rentabilidad sea menor de lo esperado.

Mi consejo, revisa antes de cualquier operativa el calendario de pagos de dividendos de la empresa que elijas para abrir la operación con opciones. En empresa como Mediaset por ejemplo, la fecha en que se descuenta el dividendo tiene un impacto importante ya que solo realiza un pago en el año y éste supone un porcentaje elevado. Por el contrario, en empresas como el Banco Santander que reparten su dividendo en cuatro pagos a lo largo del año, las fechas de abono de los mismos, tienen un menor impacto sobre el vencimiento de las opciones.

Opciones ITM, ATM y OTM.

A la hora de operar con opciones, es importante que tengamos en cuenta si el precio de strike seleccionado se encuentra por encima, por debajo o en línea con el precio de la acción en el momento de abrir la operativa. Los contratos de opciones pueden ser clasificados por la diferencia entre su precio de ejercicio y el valor del activo subyacente al vencimiento en tres categorías: In the money (ITM), At the money (ATM) u Out of the money (OTM). En función del escenario en el que abramos nuestra operativa, la prima de la opción será mayor o menor tanto en las opciones Call como Put. Y por lo tanto, la influencia del factor tiempo o del factor precio tendrá una mayor o menor influencia en el importe de la prima relacionada con la operación. En la tabla de la página siguiente podemos ver un resumen de las mismas.

Precio de ejercicio	Opción Call	Opción Put
Opción "In the money" (ITM)	Precio de ejercicio < Precio Spot del Subyacente	Precio de ejercicio > Precio Spot del Subyacente
Opción "At the money" (ATM)	Precio de ejercicio = Precio Spot del Subyacente	Precio de ejercicio = Precio Spot del Subyacente
Opción "Out of the money" (OTM)	Precio de ejercicio > Precio Spot del Subyacente	Precio de ejercicio < Precio Spot del Subyacente

Por ejemplo, si queremos operar vendiendo una Put, siempre nos pagarán una prima más alta si nos ponemos la obligación de compra de las acciones a un precio mayor del que cotice la empresa en el momento actual en que se abra la operativa con opciones, es decir, si por ejemplo, Iberdrola cotiza hoy a 7,02€ por acción, nos pagarán una prima mayor por vender opciones Put a strike 7,30€ que a 6,75€. Respecto a las Call, el comportamiento es similar. Si queremos comprar una Call de Iberdrola y la empresa cotiza a 7,02€, pagaremos una prima menor si el precio de strike a vencimiento, está por encima de 7,02€ que si está por debajo ya que estaremos pagando por obtener el derecho a comprar acciones a un precio superior al que hay en el mercado en ese momento. En caso de comprar una Put, es decir, el derecho a vender, siempre pagaremos una prima menor por vender nuestras acciones de Iberdrola si escogemos un precio de strike más bajo del que se encuentre cotizando la empresa en el momento de comprar las Puts, es decir, en este caso, strikes menores de 7,02€. Respecto al último caso, venta de Calls, la prima que ingresemos por tomar la obligación de venta de las acciones siempre será más alta si escogemos precios de strike por debajo del precio de cotización que haya en el mercado en el momento de realizar nuestra operativa ya que estaremos poniéndonos la obligación de venta a un precio menor del que podríamos venderlas hoy mismo en el mercado.

Precio y tiempo, dos componentes importantes.

En las opciones financieras, se deben distinguir dos términos importantes, estos son el valor intrínseco y el valor extrínseco.

El primero, el valor intrínseco, hace referencia al precio, es decir, es la diferencia entre el precio de liquidación y el precio de ejercicio que hayamos escogido para el vencimiento de nuestra opción.

En cuanto al valor extrínseco, hace referencia al conjunto formado por el tiempo que queda hasta vencimiento, la tasa de dividendos, el tipo de interés libre de riesgo y la volatilidad que pueda experimentar el subyacente, no obstante, podemos tener en cuenta que la principal magnitud que afectaría a la prima es el tiempo hasta vencimiento, cuanto mayor sea este, mayor será la prima.

Supongamos que tenemos una Opción de Compra (Call) con Precio de Ejercicio de 7€, el precio del subyacente es de 9€, con 120 días al vencimiento y actualmente el precio de la opción (Prima) es de 2,50€. Aplicando las fórmulas, el valor intrínseco sería 2€ (9€ - 7€). Mientras que, el valor extrínseco es 0,50€ (Prima - Valor intrínseco, 2,50€ - 2€).

"En el corto plazo el mercado es una máquina de votar, pero en el largo plazo es una báscula"

Benjamin Graham

26. Criterios para seleccionar empresas. ¿Por qué unas si y otras no?

Ahora que ya hemos visto en qué consisten las opciones financieras, considero que la siguiente parada nos lleva a la selección de empresas. Está muy bien conocer el funcionamiento de las Call y las Put, no obstante, es importante saber identificar sobre que empresas operar o de lo contrario, cometeremos errores de peso.

En primer lugar, debemos definir nuestro estilo de operativa, pues sin un estilo definido, no podremos decantarnos por unas empresas u otras. Puedes acudir a los mercados a invertir o especular. Si tu principal motivación en la bolsa es comprar acciones de una empresa con la intención de venderlas más caras en cuanto se revaloricen, este libro no es para ti. Me considero inversor, no especulador y por ello, la selección de empresas que llevo a cabo cumple con estos criterios. La idea principal del proyecto es consolidar una cartera de acciones para el largo plazo, da igual lo mucho que suba el precio de las acciones de una empresa, si no se dan las circunstancias apropiadas, la empresa seguirá formando parte de mi cartera.

La selección de empresas suele ser uno de los puntos críticos donde los inversores noveles se atascan, pues muchos inversores solo se centran en el precio de la acción sin estudiar todo lo que hay detrás de la empresa. La idea es analizar la empresa en su conjunto, como si fuéramos a comprarla entera, no como si compráramos algunas acciones esperando que nuestra inversión lo haga bien. El análisis y la selección de empresas es con casi total seguridad, la parte que más tiempo requiere de la inversión, pues una vez tomada la decisión de inversión, realizar la operativa es cuestión de unos segundos, como posible inversor de una empresa, deberías leerte sus cuentas de resultados cada año al igual que los informes trimestrales, esto te ayudara a conocer cómo evoluciona el negocio con independencia de lo que esté haciendo el precio de la acción. Te recomiendo que te leas los informes de cada una de las empresas que tengas en cartera, éstos son ineludibles, pero además, también será recomendable que te leas los informes de cualquier empresa sobre la que valores invertir antes de tomar la decisión final de poner tu dinero en ella y ver así, si la caída de precio está acompañada de un deterioro del negocio de la empresa o si, por el contrario, la empresa ha alcanzado tu precio deseado para comprar porque el mercado la ha hecho caer sin justificación.

Cabe destacar la importancia de ser objetivo en este aspecto, pues no dejaremos que nuestras preferencias intercedan empujándonos a realizar una mala operación, al final, son los números los que tienen que hablar y estos son por lo general, objetivos.

Como seguro que sabrás, son muchos los criterios existentes para valorar empresas, al igual que cada gurú tiene su método, tú debes definir los que te funcionarán y te permitirán crear tu cartera con confianza. No obstante, para seguir un modelo de inversión basado en "Buy and Hold", es decir, en comprar acciones para mantenerlas el mayor tiempo posible y vivir de los ingresos pasivos, algunos requisitos de selección serán de obligado cumplimiento, de lo contrario, no seríamos fieles a nuestro estilo de inversión.

Dividendo

A la hora de invertir, debemos hacer una primera gran división. Descartaremos todas aquellas empresas que no pagan dividendos ya que si invertimos en estas empresas, no obtendremos ningún ingreso pasivo, simplemente, estaremos especulando con la posible revalorización del precio de las acciones y, este modelo de inversión, no es el nuestro.

Así pues, ya tenemos un primer criterio, solo invertiremos en empresas que paguen dividendos. El siguiente paso, será descartar aquellas empresas cuyo dividendo no sea sostenible, es decir, aquellas empresas que tengan un payout superior al 100%. Esto es, que destinen más del 100% de su beneficio anual al pago de dividendos, pues la empresa no está ganando ese dinero, o bien está haciendo ampliaciones de capital para pagar mediante Scrip Dividend (pago con títulos/acciones en vez de dinero efectivo) o bien está gastando la caja de efectivo que pueda tener y por lo tanto, deteriorando su salud financiera.

Veamos un ejemplo para entenderlo mejor, tenemos la empresa Naturhouse cuyo dividendo este año 2018 ha sido de 0,34€ por acción, no obstante, la empresa salvo sorpresas de última hora, no alcanzará dicho beneficio durante el presente ejercicio fiscal, por ello, si asumimos que aproximadamente ganará unos 0,30€, la empresa presentaría un payout del 113% aproximadamente, por lo que tendría que pagar el dividendo consumiendo parte de la caja que tiene o reducir el pago del dividendo del ejercicio siguiente, cosa que como inversor Buy and Hold, no me gusta nada.

Por el lado contrario a Naturhouse, tenemos muchas empresas, cuyo dividendo por el momento, si es sostenible, por ejemplo, una que tengo en cartera es Mapfre. La empresa, ganará en este ejercicio 2018 aproximadamente 0,25€ por acción y el dividendo ha sido de 0,15€, como habrás deducido, el payout solamente está en el 60% del beneficio por lo que la diferencia entre el dividendo y el beneficio de Mapfre, se queda en la empresa para mejorar su calidad financiera o acometer nuevas inversiones. Si los resultados de Mapfre cayesen, lo más probable es que no hubiese problema con el dividendo, pues salvo decisión contraria del consejo de administración, el beneficio de Mapfre tendría que caer más de un 40% para que ésta tuviese que reducir su dividendo al no ganar suficiente dinero.

Hemos visto hasta aquí, que el pago del dividendo y la sostenibilidad del mismo, son de suma importancia para poder considerar la incorporación de una empresa a nuestra cartera. Otro de los criterios a tener en cuenta dentro del pago de dividendos, es la posibilidad que tiene la empresa de subir la cuantía del mismo cada año, y para poder hacerlo debe ganar más dinero cada año. ¿Por qué es importante este hecho? Muy sencillo, si la empresa aumenta su dividendo cada año, también aumentará nuestro ingreso pasivo, el dinero que recibimos de la misma y por lo tanto, sin tener que llevar a cabo inversiones adicionales, estaremos ganando más dinero que el año previo. Por ejemplo, empresas como Enagás, Red Eléctrica de España o Iberdrola, tienen programas de pago de dividendos a largo plazo con incrementos anunciados para los próximos tres o cinco años. En el lado contrario, encontramos empresas como BME, con una buena rentabilidad por dividendo pero que lleva varios años estancado e incluso, la caída del beneficio, ha llevado a la empresa a tener que recortarlo.

Por último, hay que tener en cuenta la rentabilidad del dividendo, es decir, cuanto recibimos por cada euro invertido. En mi caso, por muy buena que sea la empresa, no invierto en ella si su dividendo neto es inferior al 4% neto, es lo mínimo que exijo como compensación por tener mi dinero invertido. Me gusta actualmente CIE Automotive por ejemplo, pero su dividendo de entorno al 2,75% no es suficiente para mí, considero que hay mejores alternativas donde rentabilizar mi inversión. En el lado contrario, tendríamos Mediaset, con una rentabilidad cercana al 9,5%. No obstante, con un payout del 100% por lo que si el beneficio cae, también tendrá que bajar la cantidad destinada al pago de dividendos, no obstante, un 9,5%, aunque pueda bajar algo en los próximos años o estancarse, es un porcentaje elevado en una empresa que no tiene deuda y que disfruta de un buen equipo gestor que ha sabido llevar a cabo un control de costes para compensar la caída de ingresos.

A partir de aquí, tendremos hecho el primer gran descarte de empresas y serán menos las que nos queden en nuestra lista de posibles candidatas. Puedes coger cualquier diario online y ordenar la tabla del mercado continuo español por rentabilidad de dividendo, automáticamente, descarta todas aquellas cuyo dividendo neto sea inferior al 4% o en caso de que esté expresada en rentabilidad bruta, inferior al 5%. Una vez hecho esto, profundiza un poco más en tu análisis y descarta aquellas empresas que no cumplan el resto de requisitos relacionados con el dividendo.

Relación entre BPA y Cotización

Una vez nos hemos quedado con la reducida lista de empresas que cumplen los criterios de dividendo, es hora de analizar otros aspectos importantes de las mismas. Ya vayamos a comprar acciones o a operar con opciones financieras, es importante que analicemos la relación entre el Beneficio Por Acción (BPA) esperado para el año y el precio al que cotiza la acción. A la vez, revisaremos el BPA estimado para los próximos años. La idea es comparar respecto a años previos si la acción cotiza a un precio más elevado o más bajo que la media de años anteriores. En este punto, compararemos a qué precio cotizaba la empresa en años anteriores y cuál era el beneficio en aquel momento para así, ver si el aumento o disminución en el precio, ha ido acompañado por subidas o bajadas del BPA en el mismo sentido.

Lo inteligente, sería aprovechar esos escenarios en los que el precio haya caído, pero el BPA se haya mantenido o haya incluso aumentado. De esta forma, estaremos comprando las acciones a un precio más barato (entendemos barato, no la caída en precio sino un menor precio para el mismo beneficio) de lo que lo ha estado anteriormente, por lo tanto, si la empresa sigue funcionando y su salud financiera es buena, no deberíamos tener problemas en salir de la empresa en un futuro si nos surgiese la necesidad o por supuesto, verla cotizando a un precio superior al de nuestra compra.

A partir de la relación BPA y precio de cotización, se consigue desarrollar el indicador "Price Per Earnings" (PER) que se haya dividiendo el precio de cotización entre el BPA. De esta forma, podemos ver cuantos años de beneficio tardaría la empresa en recuperar el capital invertido.

Por otro lado, hay que tener en cuenta que el PER suele verse afectado por algunos conceptos como las depreciaciones, ingresos no recurrentes o amortizaciones y por lo tanto, puede ser algo fácil de maquillar tanto al alza como a la baja. Hay indicadores más fiables como el Precio partido el Cashflow por acción, que no deja de ser el precio dividido entre la cantidad de dinero que entra o sale de la empresa en un periodo.

Por ello, prefiero hacer la comparativa del beneficio por acción de los años anteriores, futuros y del año actual y ver en relación al precio, si está más cara o más barata que las veces anteriores y, si el mercado, por lo tanto nos está dando una oportunidad al reducir el precio con un beneficio más alto y además se espera que hayan buenas perspectivas para los siguientes ejercicios ya que de ser así, es bastante probable que la compañía pueda por un lado aumentar el dividendo acompañando al beneficio y además, el precio tenga todavía recorrido al alza, al menos, hasta alcanzar precios anteriores con menor beneficio.

Por lo general, se dice que en el mercado español, las empresas que cotizan por encima de un ratio PER 15 están caras y que las que cotizan por debajo, están baratas. No obstante, no siempre es cierto, por ejemplo, si consultamos los registros del portal Marketscreener, Inditex cotizó a un PER 32,7 en el año 2016, a un PER de 30,1 en el 2017 y a un PER 26,7 en el 2018. Las perspectivas para 2019 y 2020 es que, teniendo en cuenta el precio de cierre del 17 de diciembre de 2018, cotice a un PER de 21,9 y 20 respectivamente. Aunque está por encima de un ratio PER 15, esto no quiere decir que la empresa esté cara, es una empresa de una altísima calidad que goza de una formidable salud financiera que ha ido reduciendo el precio de cotización en los últimos años y ha aumentado el beneficio por acción.

Para concluir con este punto, hay que tener en cuenta que el ratio PER afecta de manera diferente a las empresas cíclicas, pues estas tienen periodos en los que ganan mucho dinero y otros en los que ganan menos, suelen ser cambios muy bruscos. Por poner un ejemplo, el fabricante de coches Renault que cotiza en la bolsa francesa, cotizaba según Marketscreener a un ratio 5,81 en el año 2016, a 7,91 en el 2017 y teniendo en cuenta el precio de mercado del día en que escribí estas líneas, cotiza a un ratio PER del 5,04 en 2018 y 6,04 estimado para 2019. Esto no quiere decir que la empresa esté barata por estar a un PER inferior a 15, simplemente se encuentra en la fase del ciclo que tiene un gran beneficio, pero el ratio PER aumentará conforme el beneficio por acción se reduzca aunque el precio se mantenga estable.

Para concluir este punto, te recomiendo que revises el beneficio por acción de las empresas que te interesen y analices si el beneficio por acción va a aumentar en los próximos años y si lo ha hecho en los anteriores, a partir de aquí, espera un precio menor al de los años anteriores en los que la empresa cotizaba con un menor beneficio y disponte a realizar tu operativa.

A nivel opciones, siempre puedes vender Puts teniendo en cuenta el beneficio esperado para los próximos años, por ejemplo, para el año de vencimiento de la opción, y lanzar la venta a un precio que te resulte interesante, al que te gustaría adquirir las acciones en ese año, no obstante, no te preocupes ahora, profundizaremos en la operativa con opciones viendo algunas estrategias en capítulos posteriores.

Sectores

Conforme vamos filtrando nuestra lista de candidatas, el número de empresas posibles que nos queda se reduce. No obstante, otro criterio que debemos tener en cuenta es el sector en el que se clasifica la empresa, pues algunos son menos recomendables que otros para operar, e incluso, puede que tengas preferencias por unos antes que otros, o que entiendas mejor el funcionamiento de las empresas que están en un sector y sin embargo, las de otro te resulten totalmente desconocidas. Warren Buffet siempre ha comentado que se perdió la burbuja de las puntocom porque desconocía el sector, no sabía a lo que se dedicaban dichas empresas, y así es como se salvó de invertir en ellas. Por lo general, hay sectores que se adaptan mejor a unas épocas que a otras, otros tienen sus complicaciones y por lo tanto, es mejor no operar en ellos. En este punto, yo huyo de los sectores cíclicos, pues o se tiene muy controlado el ciclo, o se puede perder mucho dinero, aquí se incluye industria pesada, empresas automovilísticas, aerolíneas, inmobiliarias, constructoras etc. En el caso de las aerolíneas por ejemplo, no me gusta su exposición a las huelgas.

Por lo general, me gustan sectores estables y predecibles como el de las "utilities", aquí se incluyen empresas como REE, Enagás, Iberdrola, Endesa, Abertis etc. El sector bancario, también es un sector a considerar, personalmente creo que este final de 2018 e inicio de 2019 está dando buenas oportunidades. Es importante analizar los distintos sectores, pues puede que haya algún sector que por circunstancias temporales, esté cotizando por debajo de su valor, como ocurrió por ejemplo a principios del año 2018 con el sector energético, cuando el gobierno se pronunció a favor de cambiar la regulación del sector, o por ejemplo, como indicaba más arriba, como ha ocurrido a finales de 2018 con el sector bancario a causa de las dudas del Brexit y las cuentas del nuevo gobierno italiano, o las caídas por ejemplo de las empresas relacionadas con el petróleo cuando este cae bruscamente.

En épocas de crisis, hay sectores que actúan de refugio, por lo general, suelen ser los sectores que tienen ingresos predecibles y estables, con parte de su negocio regulado, y que distribuyen un elevado porcentaje de dividendos entre sus accionistas, como hemos comentado antes, el sector de las "utilities" sería uno de ellos.

Otras consideraciones

Si los puntos anteriores recogían los requisitos necesarios para escoger empresas que suscitan el suficiente interés para invertir en ellas, lo que viene a continuación son algunos consejos y recomendaciones que me gusta considerar a la hora de invertir y que también considero relevantes a la hora de decantarnos por una empresa u otra.

Nivel de deuda

Hay empresas como las industriales, las "utilities" o las compañías de telefonía que necesitan llevar a cabo grandes inversiones para poder desarrollar su negocio. No obstante, en otros sectores, esta deuda no es tan necesaria.

A la hora de analizar compañías, debes ver que su nivel de deuda no sea excesivo, una empresa que tenga tres mil millones de euros de deuda y obtenga unos beneficios de cinco mil millones anuales, estará, en una situación más ventajosa que otra que tenga mil millones de euros de deuda, pero un beneficio anual de dos cientos millones. La deuda, no debe verse como una cantidad total a devolver, sino por la capacidad de devolución que presenta la empresa, es decir, en cuantos años de beneficio habrá devuelto la deuda que tiene.

Es recomendable que se compare la deuda de las diferentes empresas que se incluyen en un mismo sector. Si ya eres lector de mi blog, recordarás mi operativa con Mediaset. El hecho de que Mediaset no tuviera deuda y Atresmedia tuviese una deuda de dos cientos cuarenta millones aproximadamente, equivalente a casi dos veces el beneficio neto anual de la empresa, fue lo que decantó mi decisión por Mediaset en el momento de mi venta de opciones sobre la empresa. Siendo un sector con un futuro incierto, considero que Mediaset puede que se adapte mejor a los cambios que puedan venir, sin embargo, Atresmedia, partirá ya con la desventaja de tener deuda en sus balances.

Si llegado el momento los acreedores exigieran el pago a la empresa endeudada, puede que ésta se vea obligada a reducir sus dividendos y destinar más dinero a repagar la misma, como le ocurrió a Telefónica, que tuvo que reducir su dividendo hasta los cuarenta céntimos porque el mercado consideraba que el nivel de deuda que presentaba la empresa era insostenible.

Situación de castigo excesivo

Hay veces que el mercado da oportunidades únicas y derriba el precio de las empresas. Muchas veces, el mercado cae en barrena y no discrimina entre compañías, sectores o países. Son esas las oportunidades que debemos aprovechar cuando tengamos varias empresas entre las que elegir. Recientemente, tenía en mi radar dos de ellas, Mapfre y British American Tobacco, ambas empresas formaban ya parte de mi cartera y mi voluntad era incrementar posición en una de ellas. Al final, gracias a las caídas generalizadas en las bolsas, me decanté por Mapfre.

Algunas veces, se dan situaciones únicas en el mercado que hacen que las bolsas se derrumben, por ejemplo, ocurrió el día que se dieron los resultados del Brexit, recuerdo que tenía liquidez en aquel entonces y quería empezar a formar mi cartera. Esa semana la mayoría de la gente, analistas incluidos, daban por hecho que el referéndum del Brexit arrojaría un resultado a favor de la permanencia del Reino Unido en la Unión Europea, yo no lo tenía tan claro, así que por precaución decidí quedarme fuera del mercado hasta conocer el resultado. El 23 de Junio de 2016, los británicos decían si a salir de la Unión Europea y los mercados caían a plomo. Las empresas más castigadas, aquellas con exposición directa a UK, Santander e IAG registraban las mayores caídas de la bolsa Española, no obstante, muchas otras compañías caían a la vez. Así pues, la mañana que se conocieron los resultados, compré todas las acciones del banco BBVA que mi liquidez me permitió, a un precio aproximado de 4,79€, el banco no tenía exposición directa a Reino Unido a diferencia del Santander, pero el mercado, ante un resultado distinto a lo esperado, lo hacía caer también. Retuve las acciones y nueve meses después, las vendía a 7,15€ la acción.

En el momento de escribir estas líneas, el gobierno de Estados Unidos anunciaba la prohibición de vender tabaco mentolado. En el 2018, las empresas tabacaleras han arrastrado caídas enormes, en concreto British American Tobacco (BATS) ha caído un 50%. No soy fumador, pero sinceramente, no creo que la gente deje de fumar tabaco porque ya no se venda mentolado. Lo que sí es posible, es que haya un cambio de tecnología, actualmente, algunos fumadores están pasándose al "vaper", esto no significa que las tabacaleras vayan a quedarse sin negocio, pues BATS por ejemplo, es la dueña de la empresa de cigarrillos electrónicos y "vapers" Vype.

La realidad, es que BATS sigue ganando dinero y mucho, lo que acompaña a subidas del dividendo cada año, no obstante, sea la razón que sea, el mercado ha decidido penalizar al sector y a ella incluido.

Otro ejemplo claro de situación de castigo se está viendo recientemente con las empresas de telecomunicaciones, éstas llevan caídas en bolsa superiores al 50% debido a que se espera que los anunciantes destinen menos dinero a publicidad televisiva y más a internet o plataformas cono Netflix o HBO. La realidad es que Mediaset ha ganado este año el mismo dinero que el anterior, recompra acciones por lo que el beneficio por acción se incrementa y está llevando a cabo un exhaustivo control de gastos que le permite seguir pagando un alto dividendo.

Estas son las circunstancias a las que todo inversor que se precie debe prestar atención y aprovechar la oportunidad que la irracionalidad del mercado le brinda para añadir a su cartera una buena empresa a un precio rebajado.

Líderes de su mercado

Si en algún momento tienes dudas entre varias empresas de un mismo sector, te recomiendo que escojas la más grande y líder del mismo, pues con total seguridad estará más preparada para los cambios que puedan surgir, liderará el sector y podrá tener mayor peso en la toma de decisiones que le afecten.

El sector bancario es un claro ejemplo de ello, actualmente, se encuentra inmerso en medio de nuevas regulaciones, fusiones, intervención por parte de Estados, quiebras y demás. La realidad es que bancos como el Santander, pueden subir o bajar en bolsa, pero difícilmente desaparecerán, pues pondrían en jaque el sistema financiero como lo conocemos, sin embargo, bancos como Liberbank, Unicaja o Sabadell, no son lo suficiente grandes para que se les escuche y posiblemente, con el tiempo, acaben fusionándose o siendo adquiridos por un banco mayor.

Los líderes del sector son los que pueden aprovechar las oportunidades que surgen, como hizo el Banco Santander al quedarse el Banco Popular, otro banco de menor envergadura, probablemente no habría podido adquirir el banco ya que le sería muy difícil digerirlo.

Como líderes del sector, también hay que considerar aquellas empresas que actúan casi en una situación de monopolio y aprovechar caídas de las mismas para incluirlas en cartera. Actualmente me vienen a la cabeza dos empresas que prácticamente gestionan de manera unilateral sus sectores. Estas son AENA, la gestora de los aeropuertos españoles y Bolsas y Mercados de España (BME) que gestiona la intermediación bursátil. Estas empresas tienen muy poca competencia o casi inexistente, por lo que tienen mucha más facilidad para hacer negocios con un alto margen y fijar los precios del mercado.

Estabilidad en su accionariado

Por lo general, me gustan las empresas que tienen una estabilidad en su accionariado, la probabilidad de que haya sustos se reduce, pues hay detrás alguien que puede perder mucho dinero, además, siempre puede salir al rescate de la empresa si es necesario o evitar movimientos especulativos con ella, pues el resto de jugadores, ya saben que no podrán hacerse con la totalidad de la empresa.

Podemos encontrar gran cantidad de empresas en el mercado español con participaciones de control, por poner algunos ejemplos: la fundación Mapfre, posee más del 50% del accionariado de la empresa, o por ejemplo, en Naturhouse, la familia Revuelta controla más del 70% de las acciones. También se da un caso similar por parte del Estado, el cual se reserva el derecho a tener participaciones significativas en algunas empresas que considera estratégicas para el país, como es el caso del 51% que posee de AENA, el gestor aeroportuario que gestiona la mayoría de aeropuertos españoles, o las participaciones que tiene en Red Eléctrica de España (REE) y

Enagás, las empresas estatales que gestionan el transporte de electricidad y gas respectivamente.

Me gustan este tipo de empresas por una razón muy simple, sé que en el accionariado, hay personas o empresas con un peso importante en la compañía, éstas, tienen acceso a una información de la sociedad que probablemente los accionistas con participaciones pequeñas no tienen, además pueden ser partícipes en la toma de decisiones de la empresa y por lo general, suelen mantener esas participaciones en el largo plazo, por lo que no van a tirar los precios de la acción intentando vender su participación como pueden hacer muchos fondos de inversión si ya no les interesa seguir en el negocio.

En definitiva, estoy tranquilo porque sé que alguien tiene mucho más dinero en juego y por lo tanto mucho más que perder que yo, por lo que se preocupará en mantener su dinero a buen recaudo y a la vez el mío, y por supuesto, buscará cuidar al accionista, pues esta persona o empresa, será uno de los mayoritarios y por lo tanto, intentará que la política de pago de dividendos sea clara y sostenible para asi obtener elevados ingresos por parte de la compañía.

Devaluación temporal de la moneda

Para finalizar con los criterios que utilizo para la selección de empresas sobre las que operar con opciones o comprar acciones para el largo plazo, he querido incluir este punto ya que aunque no es prioritario, se debe tener en cuenta para la formación de una cartera diversificada de largo plazo.

La razón, es que buscamos beneficiarnos de un momento temporal en que la moneda extranjera se ha debilitado respecto al euro para poder comprar acciones que paguen un buen dividendo. La idea, es que conforme pase el tiempo y la divisa extranjera recupere su valor respecto al euro, la cantidad de dividendos que ingresaremos al cambiar estos a euros, será mucho mayor.

Por ejemplo, recientemente compré acciones de la British American Tobacco (BATS) porque al precio que cotizaba, retornaba un buen dividendo y además, creo que con el proceso del Brexit, la libra está barata frente al Euro. Actualmente, el dividendo de la empresa británica asciende a 2,20£, si cobrásemos esos dividendos ahora, el tipo de cambio es de 1 libra por cada 1,10€ es decir, que en vez de 2,20£, cobraríamos 2,42€ por acción.

Ahora imagina que dentro de unos años, la libra esterlina recupera parte de su valor frente al euro y en vez de estar a 1£ por cada 1,10€, está a 1,40€. El dividendo cobrado entonces, será de 2,20£ multiplicado por 1,40€, lo que resulta en 3,08€. Como habrás observado, el incremento del dividendo es significativo aun sin haber un aumento de la cantidad de dinero que la empresa destina a dividendos.

No obstante, hay que tener en cuenta que en el país con el que se va a llevar a cabo la operativa, no haya doble imposición y nos toque pagar impuestos tanto en España como en el país de destino, pues de ser así, la operativa restaría interés y lo que pudiéramos ganar por la divisa, lo perderíamos por los impuestos, en el caso de Reino Unido, el país no retiene nada por el cobro de dividendos, por lo que solo tributaremos en España.

Con este criterio termina el capítulo de análisis y selección de empresas. Hasta este punto, hemos visto en qué consisten las opciones, ahora ya debes de conocerlas y estar familiarizado con ellas, también, hemos explicado algunos criterios que considero importantes para la selección de empresas y que yo mismo utilizo. Por lo tanto, creo que ya tienes los conocimientos necesarios para poder pasar a la acción. Si ya operabas con acciones, habrás visto que no hay mayor dificultad en operar con opciones y que éstas son más interesantes y rentables que las acciones convencionales, si por el contrario, todavía no operas en bolsa, puedes saltar directamente a operar con opciones e ir incorporando acciones poco a poco. Si como lector entiendes la parte teórica, pero te parece complicado llevarlo a la práctica, no te preocupes, he dedicado los próximos capítulos a explicar las distintas estrategias y operaciones que se pueden realizar con opciones financieras para que te resulte más sencillo dar el salto y decidirte a operar con ellas.

Cada una de las estrategias es diferente a las demás y por lo tanto, deberás utilizar cada una de ellas en función de cuales sean tus necesidades y las de tu cartera respecto al mercado, pues si lo que quieres es garantizarte la compra de una acción por ejemplo, deberás llevar a cabo una estrategia en concreto mientras que por ejemplo, si lo que quieres es proteger tu cartera antes posibles caídas, la estrategia a realizar, no tendrá nada que ver con la anterior. Lo importante es conocerlas todas y saber cuál aplicar en cada momento, todas son operaciones simples que se pueden realizar en cuestión de segundos si el trabajo previo de investigación ha sido realizado con minucioso cuidado.

"Nuestro período de inversión favorito es para siempre" - Warren Buffett

27. Estrategia con opciones Nº1. Venta de opciones Put a largo plazo.

Hacer crecer la cartera

Como recordarás del capítulo número veinticinco, *Descubriendo las opciones*, la venta de opciones Put obliga al vendedor de la opción a comprar las acciones en la fecha acordada (fecha de vencimiento) y al precio convenido (precio de strike al que se vendieron las opciones).

Seguro que te estarás preguntando, ¿Si tomo la obligación de comprar las acciones, por qué será una buena estrategia? Personalmente, es la que más me gusta entre las diversas estrategias existentes y la utilizo de dos formas distintas en función de si quiero adquirir las acciones o no a la fecha de vencimiento. No obstante, la idea debe ser vender opciones Put sobre empresas que serían adecuadas para tu cartera en caso de ejecución, es decir, que no te importase adquirir en caso de que te obligasen, de ahí que haya decidido incluir el capítulo sobre selección de empresas antes de ver las posibles estrategias.

En primer lugar, utilizo la venta de opciones Put para añadir fondos a mi cuenta, es decir para obtener liquidez y poder comprar más acciones. De esta forma, se acelera el proceso de formación de la cartera, pues los fondos aportados por la venta de primas, se queda directamente en la cuenta del broker.

Para llevar a cabo la estrategia, deberías escoger alguna empresa basándote en los criterios vistos en el capítulo anterior, pero sobre todo, ver cuáles pueden haber sufrido caídas y estar a buen precio. Una vez identificada la empresa sobre la que operarás, deberás buscar un vencimiento a dos o tres años vista, es decir, que la fecha de ejecución no se alcance hasta pasados dos o tres años. La idea, es aprovechar el factor tiempo, si recuerdas cuando se explicaban en el capítulo veinticinco los componentes precio y tiempo de las acciones, el tiempo era uno de los factores que incrementaban el importe de la prima, por lo tanto a dos o tres años, será mayor que si escogemos el vencimiento para el año en curso.

Lo siguiente, será escoger precios de strike que sepamos que no nos ejecutarán, es decir, precios de strike que sigan quedando por debajo de los precios de mercado aunque caiga la bolsa un buen porcentaje, de forma que para nuestra contrapartida, la persona que compró las opciones Put, le resulte más interesante dejar expirar las opciones que vendernos las acciones.

A modo personal, escojo strikes que por lo menos estén un 10 o 15% por debajo de los precios actuales de mercado, así gozo de cierta tranquilidad con dicho margen de seguridad y finalmente compruebo que por lo menos la prima sea del 20% respecto al precio de ejecución, de esta forma, el margen de seguridad aun es mayor, pues si la bolsa cae, habremos ingresado una cantidad por la prima que será del porcentaje mencionado.

El 05 de diciembre de 2018, el Banco Santander cotizaba a 4,16€, por lo que escogí un vencimiento para diciembre 2021 (a tres años) y un strike de 3,74€. Como ves, el Banco Santander tendría que caer 0,42€ (4,16€ - 3,74€) para que alcanzase nuestro precio de ejecución y nos vendiesen las acciones, es decir, un 10,10%. Aquí ya tenemos un margen de seguridad. La prima ingresada, es de 0,71€ es decir, sobre el precio de ejecución de 3,74€, un 19,10% de rentabilidad y de seguridad añadida. Si sumamos el 10,10% que debería caer el precio de la compañía para que nos ejecutasen las opciones y el 19,10% que ingresamos por la prima cobrada, nuestro margen de seguridad es de 1,13€ (0,42€ + 0,71€) o lo que es lo mismo, la empresa debería de caer a los 3,03€, un 27,16% desde el precio al que cotizaba en 4,16€ para que la operación fuese perdedora.

Dicho esto, no se puede predecir el comportamiento de la bolsa en el corto y medio plazo, pero pase lo que pase, la operación tiene ya un margen del 27,16%. Si en vez de vender opciones, comprásemos las acciones a 4,16€ al contado, el primer céntimo que bajase la empresa, ya serían pérdidas.

La idea de esta estrategia es ingresar la prima para comprar acciones al momento, dejar que la opción llegue a vencimiento y que no nos la ejecuten, como indicaba al principio del capítulo, la idea es ganar liquidez con las primas y repetir este tipo de operativa siempre que nos sea posible o alcancemos el vencimiento de alguna opción anterior.

Es importante, que aunque nuestra idea sea que no se ejecuten las opciones, sepamos que tendremos el dinero en la fecha de vencimiento, es decir, si el dinero que puedes ahorrar de tu nómina en un año es de 6.000€, no tiene sentido que vendas opciones a 3 años por un valor superior a 18.000€ (3 años multiplicado por 6.000€) pues si te las ejecutasen, tendrías que desembolsar el dinero o comprar las opciones que vendiste a un precio peor.

Como la prima de las opciones se ingresa al momento de realizar la operación independientemente de cual sea su vencimiento, la idea es comprar acciones con esa prima para posteriormente, cobrar el dividendo de las acciones.

De esta manera, hacemos crecer la cartera y rentabilizamos la prima, pues las empresas que incorporemos pagarán dividendos que a su vez, volveremos a reinvertir. Cuando vendí las opciones del Santander, reservé el dinero de las primas para comprar a finales de diciembre acciones de Mapfre ya que en mi opinión, estaban baratas, gracias a las primas, de los 3.300€ que invertí en Mapfre, solo tuve que poner de mi bolsillo 2.590€, es decir, con la prima, pude cubrir el 22% del coste de la operación.

Realizando este tipo de operaciones con opciones, se consigue hacer crecer la cartera a un ritmo mucho mayor de lo que nos permite hacerlo la reinversión de los dividendos. Lo óptimo, sería realizar una combinación de ambas operativas.

Compra acciones con descuento

Si nuestro objetivo anterior era que no nos ejecutasen las opciones para ingresar la prima y hacer crecer nuestra cartera de inversión aportando ese dinero extra, el objetivo de esta operativa será justo la contraria, conseguir que nos ejecuten las opciones. Para ello, deberemos desarrollar una operativa similar a la descrita en el apartado "hacer crecer la cartera", venderemos opciones Put de empresas que nos gustase añadir a nuestra cartera, no obstante, esta vez, deberemos buscar aquellos vencimientos que coincidan con la fecha en que nos gustaría incorporar las acciones a nuestra cartera, es decir, si por ejemplo ahora no dispones de dinero en efectivo pero esperas tenerlo dentro de un año, el vencimiento de diciembre de 2019 sería una buena fecha, o incluso marzo del año 2020. Una vez decidido el vencimiento, para llevar a cabo la venta de las opciones Put que nos posibiliten adquirir las acciones en la fecha deseada, deberemos buscas precios de strike que, a priori, sean difíciles de alcanzar. Si buscamos strikes muy por encima del precio actual al que cotiza la empresa en el mercado, la prima será mucho más elevada que la que puedas cobrar por tomar posiciones con strikes cercanos o incluso por debajo del precio de mercado, de hecho, ésta debería aumentar de forma proporcional al incremento en el precio de strike.

Aclarado este punto, la idea es que el precio de mercado no alcance el precio de strike, y por lo tanto, el comprador de la Put, ejerza su derecho de venta de las acciones y nos las transfiera.

No obstante, aunque queramos que nos vendan las acciones, deberemos esperar a que el precio de las mismas haya caído en el mercado igual que haríamos si no quisiéramos quedárnoslas, pues la prima será mayor. Si por ejemplo, queremos adquirir acciones del Banco Santander y hoy día 28 de Diciembre cotizan a

3,95€, la idea será vender opciones Put con un precio de ejercicio de por ejemplo, los 6€. La empresa debería subir cerca de un 50% para que el precio superase los 6€ y el vendedor no nos obligara a comprar las acciones y prefiriese venderlas a mercado. Aunque no es algo imposible, estaríamos llevando a cabo una operación cuya probabilidad de que el precio del Banco Santander subiera a 6€, sería entre baja y muy baja. La prima de la operación, es de 3€ por lo que de los 6€ que sería el precio de compra si nos las vendiesen, nosotros realmente solo estaríamos desembolsado 3€, lo cual, en mi opinión, sería un buen precio de compra para el Banco Santander si tenemos en cuenta la previsión de ingresos.

Otro escenario posible, sería que el Banco Santander subiera con fuerza y superase el precio de ejercicio de los 6€. En ese caso, no obtendríamos las acciones, pues el vendedor preferiría venderlas en el mercado a un precio mayor al que nosotros se las compraríamos. No obstante, la rentabilidad de la operación habría sido enorme, pues habríamos obtenido 300€ por cada opción Put vendida a cambio de un compromiso de obligación de compra que no se ejercitaría.

Es importante tener en cuenta que ésta operativa no garantiza la compra de las acciones, para garantizar la compra, veremos otras estrategias más adelante. Con la venta de opciones Put a un precio mucho más elevado que el precio de mercado, se nos plantean dos posibles escenarios, el más probable y nuestro objetivo, que nos vendan las acciones al precio que deseamos por no haber sido alcanzado a vencimiento, o el menos probable, que la acción experimente una subida fuerte y no nos las vendan, pero hayamos ingresado una prima muy elevada.

Esta estrategia, no es una mala opción si queremos capitalizarnos rápido y comprar acciones para cobrar los dividendos mientras las opciones alcanzan su fecha de vencimiento. No obstante, debes considerar el hecho de que a vencimiento, en caso de ejecución, la cantidad a desembolsar por adquirir las acciones puede ser elevada para tu presupuesto, por lo que deberás tener previsto el desembolso bien mediante dinero en efectivo o vendiendo entonces parte de tu cartera para hacer frente a la compra de las acciones.

Uno de los mejores momentos para realizar este movimiento de venta de Put's, sería aprovechar una combinación de un vencimiento a largo plazo, es decir, de unos tres años, con una gran caída de los precios. Podría realizarse la operación un año que la empresa haya sufrido caídas del 20% y arrastre caídas de años anteriores y las expectativas de beneficio para los años venideros sean elevadas dejando a la empresa con un PER inferior a 9.

La idea, es que después de una gran caída, la empresa pueda subir hasta el precio de strike aprovechando que hay tres años entre medias hasta el vencimiento, pues es difícil que la empresa suba tanto en un solo año, pero no tan improbable que lo haga a lo largo de tres o cuatro años cuando el mercado reconozca que la empresa estaba infravalorada. Si aun así el precio no subiera hasta superar el de vencimiento y por lo tanto adquiriésemos las acciones, cuanto mayor sea el precio mejor, pues más cerca del precio de strike se situará el precio de mercado y por lo tanto, nuestra estrategia habrá sido más certera. Si por ejemplo a fecha de vencimiento, las acciones de Santander se encuentran a 5,50€ y el strike es de 6€, adquiriremos las acciones a 6€, lo que significaría comprarlas 0,50€ por encima del precio de mercado, por lo que si vendiéramos las acciones, tendríamos una pérdida de 0,50€ por acción, no obstante, como habríamos ingresado una prima de 3€ unos años antes cuando vendimos las Put, tendríamos un beneficio de 2,50€, es decir, los 3€ que ingresamos de la prima menos la pérdida en valor de 0,50€ correspondiente a las acciones del Banco Santander en el caso de venderlas.

En esta estrategia he descrito dos posibles escenarios, buscar los ingresos de las primas para aumentar nuestra posición de efectivo, y posteriormente comprar las acciones que nos interesen con esa prima, o por el lado opuesto, buscar una mayor probabilidad de adquirir las acciones en el momento que deseamos desembolsando realmente un buen precio. Tú decides qué operativa te interesa más llevar a cabo en cada momento.

"Gran parte del éxito se puede atribuir a la inactividad. La mayoría de los inversores no pueden resistirse a la tentación de comprar y vender constantemente"

Warren Buffet

28. Estrategia con opciones Nº2. Compra de opciones Call.

Si en la estrategia anterior buscábamos ingresar primas al ponernos la obligación de comprar acciones, incluso, forzar un poco la operación con precios de strike elevados para aumentar la probabilidad de que el comprador ejerciera su derecho y nos vendiese las acciones, lo que pretenderemos hacer con esta estrategia es garantizarnos la adquisición de las acciones al precio deseado.

En este caso, si recuerdas el capítulo inicial en que se describían los distintos tipos de opciones, lo que haremos será tomar el derecho y no la obligación. Por lo tanto, como compradores de la opción Call, deberemos pagar una prima al vendedor de la opción Call.

La idea es que una vez alcanzada la fecha de vencimiento, ejerzamos nuestro derecho a comprar las acciones que nos garantiza la opción Call. No obstante, esta decisión dependerá de cuál sea el precio de las acciones en dicho momento, pues si el precio de las acciones en el mercado es inferior al precio de strike de nuestra opción, nos será más rentable comprarlas a mercado que ejercer nuestro derecho de compra a través de las opciones e incorporarlas a nuestra cartera a un precio superior del que pagaríamos en el mercado, lo cual no sería razonable y por ello dejaríamos expirar la opción sin validez.

Hay que tener en cuenta, que el pago de la prima por la compra de la opción Call es un coste y por lo tanto, incrementa nuestro precio real de compra de las acciones independientemente de que al final decidamos ejercer nuestro derecho y quedárnoslas o de que expiren sin validez. A modo de ejemplo, si realizásemos la operación compra de una Call de Red Eléctrica (REE) con vencimiento 17 de Diciembre de 2021 y precio de strike de 18€ (REE C18.00 DEC21) deberíamos de pagar una prima de 1,05€. Es decir, que hoy deberíamos abonar la prima de (1,05€ por 100 acciones) 105€ para que cuando lleguemos a la fecha del 21 de diciembre de 2021, podamos comprar acciones de REE a 18€ si la situación del mercado en dicha fecha nos interesa. Por lo tanto, nuestro precio real de compra de las acciones de REE sería de 18€ que corresponderían con el precio de la opción más la prima de 1,05€ que pagamos en el momento de abrir la operación, 19,05€ en total.

Si por cualquier circunstancia, el precio de la acción de REE estuviese por debajo de 18€ en dicha fecha y decidiésemos comprar las acciones a mercado, digamos por ejemplo que cotizase en ese momento a 17€, habremos pagado 1,05€ por acción ya en concepto de prima y por lo tanto, nuestro precio real de compra, será de 18,05€.

Aunque es cierto que esta estrategia supone un coste adicional ya que se paga una prima al ser el comprador de la opción, en vez de ingresarla como vendedor, hay que tener en cuenta el derecho de adquisición que se consigue y emplearlo cuando la situación del mercado es propicia para ello.

El mejor momento para llevar a cabo una estrategia de compra de opciones Call, se da cuando el mercado en general cae bruscamente o cuando la empresa de la que querrías adquirir acciones ha caído con fuerza y su precio es interesante. La ventaja que nos ofrece la compra de una opción Call es que permite posponer la compra de las acciones a otro momento, como por ejemplo dos o cuatro años, lo cual sería unos periodos de vencimiento que recomiendo y con los que suelo operar. Al aplazar el momento de la compra a un futuro de tres o cuatro años, tenemos la desventaja de que durante ese tiempo, no habremos ingresado los dividendos de las acciones ya que no las incorporaremos a nuestra cartera hasta vencimiento, no obstante, es muy beneficiosa pues te permite beneficiarte de las caídas de la bolsa aunque no dispongas en ese momento de mucha liquidez. Al caer el precio de la acción, la prima será menor y por lo tanto, podrás coger vencimientos con precio de strike más bajos. De esta forma, imagina que la bolsa ha caído con fuerza y quieres comprar las 100 acciones de REE que veíamos anteriormente, ahora deberías desembolsar la cantidad de dinero por las 100 acciones que si fuera a un precio de 18,50€, sería 100 acciones multiplicado por los 18,50€ a los que cotizase y harían un total de 1.850€. No obstante, no dispones del dinero justo en el momento de la caída y confías en que la empresa, acompañada por el buen progreso de su negocio, pueda subir hasta los 21€ en un par de años, podrías comprar la Call con strike a 18€ y pagar por ello los 105€ de prima que comentábamos en la página anterior. De esta forma, aunque el precio real de compra será los 18€ más la prima de 1,05€, no perderás la oportunidad de comprar en un futuro las acciones que, consideras podrían valer unos 21€. Así, inicialmente solo tendrías que llevar a cabo el desembolso de los 105€ de la prima y tendrías unos años por delante para ahorrar el importe de 1.800€ para adquirir las acciones a vencimiento.

Si te decides a operar comprando opciones Call, no tendrás que disponer de grandes cantidades de dinero bloqueado en tu broker o banco esperando la oportunidad de que la bolsa caiga para incorporar acciones a buen precio. Con una pequeña cantidad destinada al pago de las primas de las opciones, podrás garantizarte el derecho de compra de las acciones al precio que desees.

Es importante que no compres opciones Call por encima de tus posibilidades de compra de acciones, de lo contrario, estarás pagando primas sin sentido ya que luego no podrás hacer frente al desembolso y tendrás que dejar que las primas expiren o venderlas. Es decir, si por ejemplo eres capaz de ahorrar 10.000€ al año para destinarlos a la compra de acciones, no tiene sentido que tengas derechos de adquisición por valor de 20.000€ o cualquier cantidad superior a los 10.000€, pues no podrás comprar todas las acciones.

Personalmente, no es una estrategia que me guste utilizar con frecuencia y la dejo solo en caso de emergencia si el mercado baja mucho y no dispongo de liquidez. Como veremos más adelante, prefiero vender opciones a comprarlas, pues es importante incrementar la cartera con el ingreso de primas y reinvertir estas.

"Las caídas del mercado son una gran oportunidad para comprar acciones de compañías que le gustan. Las correcciones (que son la forma que tiene la bolsa de definir las caídas fuertes) sitúan a las compañías más excepcionales a precio de saldo"

Peter Lynch

29. Estrategia con opciones Nº3. Compra de opciones Put.

En esta tercera estrategia, al igual que en la anterior, vamos a adquirir un derecho y no una obligación. En concreto, mediante la compra de opciones Put estaremos adquiriendo un seguro para nuestra cartera. Si la compra de opciones Call nos garantizaba la compra de las acciones al precio acordado, con la compra de opciones Put lo que conseguimos es garantizarnos la venta de las acciones al precio escogido como strike y en la fecha deseada de vencimiento. Por lo tanto, como en la compra de cualquier opción, tendremos que pagar una prima, la misma que recibirá el vendedor de la opción Put por tomar la obligación de comprarnos las acciones de la opción si así lo deseamos.

Como ya habrás adivinado, la compra de opciones Put es una estrategia defensiva, no busca ingresar una prima o aumentar la cartera de acciones, exactamente es lo contrario, pagamos una prima, por lo que supone una ligera salida de efectivo de nuestra cuenta de inversión. Por otro lado, no aumentamos la cartera, pues en caso de ejercer nuestro derecho de venta, tendremos una desinversión al transferir las acciones al comprador. Lo que conseguimos con la compra de esta opción, es que pase lo que pase en el mercado, en la fecha acordada podremos vender nuestras acciones, da igual si el mercado se derrumba o si la empresa cae de golpe, alguien se ha comprometido con nosotros a comprar nuestras acciones.

Estamos comprando un seguro porque nos da cierta estabilidad a la cartera, una protección ante caídas. A pesar de ello, podría darse el caso de que el precio de las acciones a vencimiento esté por encima del precio de strike de nuestras acciones. En ese caso, dejaremos que la opción expire sin ejercer nuestro derecho de venta, pues podríamos venderlas más caras a mercado, lo que haremos entonces si queremos seguir protegiendo nuestra cartera, será volver a vender opciones al precio de strike que deseemos y una nueva fecha de vencimiento.

Imagina por un momento que tienes 100 acciones de Enagás en cartera, las compraste a 20€ y lo que quieres realmente es cobrar el dividendo que paga la empresa a lo largo de los años, no la revalorización de la acción, pues si por ti fuera, la mantendrías eternamente en cartera. La acción tras una buena subida, cotiza en el entorno de los 25€, lo que supone 5€ por encima de tu precio de compra. Como tras hacer tus estudios del mercado, consideras que en los próximos dos años las bolsas podrían caer, decides proteger tus acciones con la compra de una opción Put. Tras revisar las primas y los precios de strike, te decides por el vencimiento de diciembre 2022, es decir dentro de cuatro años a 22,5€ con una prima de 2,5€. Por lo tanto, pagas 250€ (2,5€ multiplicado por las 100 acciones de la opción) y consigues un seguro para tus acciones de Enagás que te permitiría venderlas a 22,5€ y despreocuparte durante los próximos cuatro años. Si al precio de venta de tus acciones le restas el importe que pagaste como prima, realmente estarás vendiendo las acciones al mismo precio que las compraste.

Esta estrategia puede resultarte interesante si te decides a crear una cartera para un horizonte temporal no muy lejano, en el que planees vender toda o parte de tu cartera para destinar el dinero de la venta a la compra de una vivienda, montar una empresa etc. Como es posible que en el momento que quieras llevar a cabo la desinversión, te encuentres en un ciclo de bajadas del mercado, es recomendable que protejas tu cartera aunque tengas que renunciar a parte de los beneficios mediante el pago de primas. En cierto modo, lo que harás será cobrar los dividendos durante los años que las tengas en cartera y disponer de la garantía de que podrás vender tus acciones al precio que deseas, por lo tanto, la idea debe ser intentar salir sin pérdidas en ese periodo. Tendrás que tener en cuenta que si por ejemplo esperas ingresar 700€ de dividendos en cuatro años por tus acciones, tendrás que restarle el pago de la prima por la opción Put comprada por lo que éste se reducirá.

Esta es una forma de protegerse de las caídas del mercado, la bolsa puede ser arriesgada, pero por lo general, los inversores pierden por su codicia o por aventurarse a realizar operaciones sin conocer los diferentes instrumentos u opciones que tienen a su disposición. Si en algún momento no te sientes cómodo con el estado del mercado o tu situación personal cambia, ésta puede ser una opción mucho más interesante, puedes proteger la cartera y seguir cobrando los dividendos en vez de vender las acciones, pues no sabes cuándo estarán de nuevo a un precio bajo que te permita volver a incorporarlas a tu cartera.

Para los inversores que crean su cartera pensando en un horizonte temporal de unos treinta, cuarenta o incluso cincuenta años, y que siguen incorporando empresas cada año y reinvirtiendo los dividendos, esta estrategia solo les supone un coste, pues a lo largo de todos esos años, habrán ciclos alcistas y bajistas de la bolsa y serán varias las ocasiones en las que podrán salir de una posición si así lo desean. De hecho, si has comprado empresas que paguen dividendos crecientes, lo normal es que acabes cobrando una cantidad altísima en dividendos y recuperes la inversión con creces.

Otra variante de esta estrategia pero más enfocada a la especulación, se podría llevar a cabo comprando opciones Put sobre acciones que el inversor no tenga en cartera. Si consideras que el precio de las acciones de una empresa puede bajar en los próximos años, puedes garantizarte la venta a un precio aunque no tengas las acciones, imagina que no tuvieses las acciones de Enagás del ejemplo anterior pero replicaras la misma operativa. Si a vencimiento el precio ha bajado de 20,00€ (22,50€ - 2,50€ de prima), la operación dará beneficios. Supongamos que en la fecha de vencimiento de la opción, las acciones de la empresa cotizan a 16€, en ese caso, como no tenías las acciones, podrías comprarlas a 16€ en el mercado un día antes y entregarlas el día de vencimiento a los 22,50€ del precio de strike. En este caso, el beneficio sería de 4€ por acción (22,50€ -(16€ del precio de compra en mercado + 2,50€ de prima)) es decir 400€ por la opción completa. Sin embargo, si el precio de las acciones se situase a vencimiento por encima del precio de strike de 22,50€, la opción quedaría sin validez y al no tener las acciones, perderías la oportunidad de venderlas a mercado. Por lo tanto, sería solo una operación especulativa y la estrategia perdería su objetivo de protección de la cartera.

""Cuando no tengo razón, sólo una cosa me convence de ello, y es perder dinero. Eso es especular "

Jesse Livermore

30. Estrategia con opciones Nº4. Venta de opciones Call.

A la hora de desarrollar una estrategia basada en la venta de opciones Call, al igual que ocurre con la venta de opciones Put, tendremos que tomar una obligación, en este caso, al vender opciones Call, nos pondremos la obligación de vender las acciones que componen la opción. Como habrás adivinado, por tomar dicha obligación, ingresamos la prima que el comprador de la opción nos paga (el adquiere el derecho a comprar las acciones de la opción si llegado el momento le interesa ejercerlo) y por ello, una vez se alcance la fecha de vencimiento, el intercambio de las acciones se llevará a cabo si el precio de la acción a mercado cotiza por encima del precio de strike al que nos comprometimos a vender las acciones, pues el comprador ejercerá su derecho ya que podrá comprarnos las acciones más baratas de lo que las encontraría en el mercado. Sin embargo, si el precio de mercado de la acción es menor que el precio de strike al que vendimos la opción, ésta expirará sin que se lleve a cabo el intercambio de las acciones, pues el comprador podría comprarlas más baratas en el mercado de lo que nosotros acordamos vendérselas y por lo tanto, no ejercerá su derecho de compra.

Hay dos formas de llevar a cabo la estrategia, una especulativa y otra conservadora.

Venta de opciones Call cubierta

Al referirnos a la venta de opciones Call cubierta, estamos considerando que como vendedores de la opción Call, tenemos las acciones en cartera, de ahí que se considere cubierta, pues en caso de que nos viéramos obligados a vender las acciones, las tendríamos en cartera y podríamos transferirlas sin riesgo alguno al comprador.

La razón principal de esta estrategia es maximizar los beneficios que una empresa que tengamos en cartera pueda darnos. Es decir, si por ejemplo la empresa paga un dividendo del 6%-7%, podemos intentar que la rentabilidad que nos de la empresa se eleve hasta el entorno del 10% ingresando la prima de las opciones Call que vendamos sobre dichas acciones que tenemos en cartera.

Imagina que tienes 200 acciones de Endesa en cartera y estas han subido bastante de precio, las compraste a 15€ y han subido a 19€, aunque no quieres desprenderte de las acciones, consideras que 19,50€ es un buen precio de venta y ya acumulas una buena rentabilidad, por ello, decides llevar a cabo la siguiente operación, Venta 2 ELE C19.50 20JUL18@0,45 EUR mediante la que te comprometes a vender las 200 acciones que tienes de Endesa a 19,50€ el 20 de Julio de 2018 y por ello, ingresas una prima de 0,45€. En caso de que alcanzada la fecha de vencimiento te obligasen a vender las acciones a 19,50€, tendrías un precio real de venta de 19,50€ + 0,45€, recibirías la prima al momento de realizar la operación y si se diera la situación de que el precio de mercado de Endesa esté por encima de los 19,50€ el 20 de julio, el comprador se quedaría las acciones a 19,50€.

Lo que buscamos con esta operación es rentabilizar las acciones que tenemos en cartera y no cobrar solo el dividendo por ellas, si lo que queremos es retenerlas, entonces pondremos precios de strike muy altos para que sea casi improbable que el precio de mercado esté por encima del precio de strike, pero entonces, las primas serán más bajas.

También podría darse el caso de que quieras desprenderte de las acciones, entonces, tomarás como precio de strike el precio al que quieras vender las acciones y al ingresar la prima por la opción, estarás incrementando el dinero que recibes por la venta si te ejecutaran las opciones.

El momento ideal para llevar a cabo la operación de venta de opciones Call, será cuando las acciones de la empresa hayan subido suficiente para poder coger strikes que den primas interesantes y a partir de los cuales si nos viéramos obligados a vender las acciones, lo hiciéramos a buen precio.

En resumen, con la venta de opciones Call cubiertas, podemos desarrollar una estrategia enfocada a rentabilizar las acciones que tenemos en cartera y a vender las acciones con un mayor beneficio que si las vendiéramos a mercado, ajustando los precios de strike podrás guiar tu estrategia hacia la venta o no de las acciones. Por lo tanto, podemos considerar que se trata de un estilo de estrategia libre de riesgo y en cierto modo conservador.

Venta de opciones Call al descubierto.

Puede ocurrir que decidas vender opciones Call de una empresa y que no tengas las acciones en cartera, en esa situación, la operación es al descubierto, pues no tienes las acciones que habría que transferir en caso de que el comprador de la opción, decidiera ejercer su derecho de compra de las acciones.

Si volvemos al ejemplo de la venta de opciones Call de Endesa que aparece unas páginas antes, la operativa sería similar, solo que no tendríamos las acciones para entregar si a fecha de vencimiento el precio de mercado de Endesa estuviese por encima de 19,50€.

Por lo tanto, pueden darse dos escenarios, si a vencimiento el precio de la empresa está por debajo del precio de strike de nuestra opción, entonces la opción expirará sin validez y simplemente habremos ingresado la prima.

Por el contrario, si el precio de strike quedase por debajo del precio de mercado, tendrías que entregar unas acciones que no estarían en tu cartera. Por lo general, los brokers suelen obligarte a comprarlas a mercado para entregarlas. De ahí viene el riesgo y el problema de la venta al descubierto, puede que tengas que comprar las acciones a un precio muy superior al que las vendes y la diferencia entre ambos precios, podría ser una pérdida importante. Por ejemplo, imagina que las acciones de Endesa se han disparado recientemente porque Enel ha lanzado una OPA para comprar Endesa a 24€ la acción o porque los beneficios de la empresa han impulsado su cotización. En ese caso, tendrías que comprarlas a 24€ que sería el precio al que cotizarían, y la diferencia de 4,05€ (24€ - 19,5€ - 0,45€) por acción serían las pérdidas de la operación, como habías vendido dos opciones, sería 4,05€ multiplicado por las 200 acciones que forman las dos opciones.

De repente una operación que parecía beneficiosa aporta unas pérdidas de 810€. Otros brokers te dejan quedarte con -400 acciones, es decir, en negativo, pero deberás pagar intereses por ello, lo cual también supone unas pérdidas innecesarias. Es lo que puede ocurrir cuando se especula.

Como ninguna estrategia es excluyente de las demás, la idea debe ser utilizar la venta de opciones Call para aumentar la rentabilidad de nuestra cartera. Mi opinión es que siempre sean opciones cubiertas y vendas las opciones sobre aquellas acciones de tu cartera que han subido de precio o que no te importaría vender. No vas a conseguir una rentabilidad elevada con este tipo de estrategia ya que los strikes estarán por encima del precio de mercado, pero es muy probable que puedas conseguir entre un 2% y un 4% anual extra para tu cartera que seguro, es un buen complemento a los ingresos obtenidos por los dividendos y las primas ingresadas por la venta de opciones Put.

"Sólo hay un lado del mercado, y no es el lado alcista ni el lado bajísta, sino el lado correcto"

Jesse Livermore

31. Estrategia con opciones Nº5. Roll - Over.

La idea de esta estrategia es protegernos de un escenario en que la bolsa caiga con fuerza y el precio de strike de nuestras opciones vendidas (aquellas que nos obligan a comprar o vender) esté muy lejos del precio de mercado. Si hemos vendido una opción Put, nuestro precio de compra será superior al precio al que podríamos comprar las acciones en el mercado, si hemos vendido una Call, nuestro precio de venta a vencimiento será inferior al que podríamos haberlas vendido en el mercado. Por lo tanto, ambos vencimientos nos dejan en una situación peor que la de mercado.

Otra situación que se puede dar, es que no nos interese realizar la operación en ese momento o que nos vayan a ejecutar las opciones por muy poca diferencia y prefiramos seguir teniéndolas.

Por lo tanto, lo que vamos a conseguir haciendo un Roll-Over es lo que comúnmente conocemos como "darle una patada a la lata hacia delante". Vamos a ganar tiempo y mejorar la prima.

Roll – Over en la venta de opciones Put

Si la operación que habías realizado previamente era la venta de una opción Put, la idea es buscar un nuevo vencimiento más tardío que nos permita conjugar una bajada de precio de strike. Como recordarás del capítulo "Descubriendo las opciones", la prima de la opción se veía afectada entre otros factores, por el tiempo hasta vencimiento y la diferencia entre el precio de mercado y de strike. Por lo tanto, podemos compensar el incremento de la prima con un vencimiento posterior que nos ofrezca un precio de ejercicio menor y una prima similar o más favorable que la de la operación que actualmente tengamos abierta. Con un ejemplo lo verás más claro.

Imagina que el 02 de enero de 2018 vendiste una opción Put de Mediaset con vencimiento Mayo de 2019 a un precio de strike de 6,50€ y que ingresaste una prima de 0,8€ por tomar dicha obligación. Los días han pasado y a menos de tres meses para vencimiento, Mediaset cotiza a 5,50€ y la prima ahora es de 1,30€. Previsiblemente no vas a querer comprar las acciones de Mediaset 1€ por debajo del precio de strike o incluso más abajo teniendo en cuenta que aun se ha de descontar el dividendo que pagará en abril. Aun así, llegado el momento, tienes tres opciones; dejar que las opciones lleguen a vencimiento y comprar las acciones a 6,50€, comprar una opción Put al nuevo precio que cotiza la prima para saldar tu obligación de compra de la Put que vendiste anteriormente (cuando vendes una opción, tu posición en cartera es de -1) asumiendo una pérdida por la diferencia de prima y descapitalizándote por el valor de la prima pagada, es decir, 100 acciones a una prima de 1,30€ sería sacar de cartera 130€, o como tercera opción, podrías rolar (del termino anglosajón Roll – Over) la posición y buscar un vencimiento más lejano a un strike menor. Por ejemplo, si escogieses esta tercera opción, podrías cerrar la posición actual comprando la opción que tienes en cartera, como si realizaras la segunda opción que explicaba arriba pero a continuación, abrieras la nueva posición, por lo que tendrías el pago de una prima y luego el ingreso de otra. Por ejemplo, podríamos vender la opción Put con vencimiento Marzo 2021 a un precio de strike de 6€ y una prima de 1,50€.

De esta manera, tendríamos que pagar 130€ de prima por recomprar la Put que teníamos vencida, pero ingresaríamos 150€ por vender la Put con vencimiento Marzo 2021. Así pues, habríamos bajado el precio de ejercicio de 6,5€ que teníamos inicialmente a 6€ y habríamos mantenido e incluso mejorado ligeramente la prima ingresada. Le hemos dado una patada hacia delante al vencimiento y hemos mejorado el precio de strike.

Esta es sin duda una buena forma de evitar vencimientos que se vuelven en nuestra contra, ya sea porque realizamos la venta de la opción Put con la intención de que expirara sin que el precio de strike quedase por debajo del precio de mercado, porque no tengamos dinero para proceder con la compra de las acciones a vencimiento o porque el precio se ha vuelto más atractivo a mercado que a través de la opción.

Roll – Over en la venta de opciones Call

La estrategia de Roll –Over, también puede llevarse a cabo cuando se ha vendido una opción Call. La idea es evitar vender las acciones a un precio que no nos parezca interesante en dicho momento, lo que debería ocurrir si el precio de strike está por debajo del precio de mercado o si hubiésemos especulado vendiendo las opciones Call al descubierto, por lo que podríamos hacer un Roll – Over para evitar tener que comprar las acciones a un precio de mercado superior y por lo tanto, materializar una pérdida.

Podríamos buscar un nuevo vencimiento posterior que nos permitiese cubrir el incremento de prima si decidiésemos recomprar la opción Call vendida. Deberíamos buscar esa conjugación que incrementase el precio de strike y la prima a ingresar a la vez aunque tuviésemos que retrasar el vencimiento.

En un ejemplo lo entenderás mejor. Tenemos vendida una opción Call de Endesa con vencimiento Diciembre de 2019 y Strike 19,50€, por la operación, ingresamos en su momento una prima de 0,50€. Tras alcanzar el mes de Agosto, Endesa cotiza a 20€ y la prima es ahora de 0,80€. No queremos desprendernos de nuestras acciones, pero recomprar la prima a 0,80€ supondría perder 0,30€ (0,50€ - 0,80€) por acción. Por lo que decidimos recomprar la prima y hacer un Roll – Over para no desprendernos de la empresa. Así pues, cogemos el vencimiento de Junio 2021 y buscamos un strike con una prima superior a los 0,80€. El mercado nos ofrece la operación con Strike 20,50€ y prima de 0,90€. Por lo tanto, ese vencimiento nos permitiría cubrir e incluso aumentar la prima por lo que pagaríamos 80€ (0,80€ x 100 acciones) por recomprar la opción Call anterior e ingresaríamos 90€ (0,90€ x 100 acciones) por vender la nueva opción Call obteniendo así un beneficio extra de 10€ por cada opción vendida. Además, disfrutaremos de más años cobrando los dividendos y puede que alcanzada la nueva fecha de vencimiento, no nos ejecuten la operación.

Por lo general, no se suelen dar los Roll –Over en la venta de Calls, pues muchas veces, la diferencia entre primas es tan pequeña que no interesa realizar la operación salvo que de verdad quieras retener las acciones.

Por lo general, la estrategia de Roll – Over suele emplearse para cubrir errores en las estrategias. Habitualmente, en la venta de Puts suele utilizarse en aquellos casos en que se ha vendido opciones de una empresa y su precio baja considerablemente de forma que el strike de la opción queda muy por debajo del precio de mercado, pues en caso de que nos obligasen a comprar las acciones, las incorporaríamos a nuestra cartera y automáticamente tendríamos unas pérdidas importantes. En mi caso, también utilizo la estrategia de Roll – Over en la venta de Puts cuando acumulo demasiados vencimientos. Puede que vendas opciones Put con previsión de que el comprador solo ejerza la compra de unas cuantas y otras expiren sin valor, sin embargo, a veces las previsiones fallan y me encuentro en la situación en que tengo que comprar más acciones de las que tenía pensado y por lo tanto, no dispongo de suficiente liquidez para todas. Con la estrategia de Roll – Over, suelo retrasarlas un año y aprovecho para bajar el precio de ejercicio de forma que se acerque al precio de mercado al que cotiza la empresa en ese momento.

Usa esta estrategia como salvavidas, no debería de ser un habitual de tu operativa, pues supondría que no haces buenas previsiones o que especulas en exceso. No obstante, no te preocupes si has de utilizarla de vez en cuando, es normal, no siempre se acierta, lo importante es conocer las herramientas para subsanar la situación.

"Si quisiera ser un vagabundo, buscaría información y consejo de los mejores vagabundos que pudiera encontrar. Si quisiera fracasar, buscaría el consejo de aquellos que no han triunfado. Si quisiera tener éxito en todas las cosas, me fijaría en aquellos que han tenido éxito y haría lo mismo que ellos"

Joseph Marshall Wave

32. Arriesgando más con las opciones.

En este capítulo quiero resumir de forma breve algunas estrategias de la operativa con opciones más enfocadas a la especulación que a la construcción de una cartera. Por ello, no me detendré mucho en cada caso, no obstante, es importante tener en cuenta que su enfoque no es el recomendado para aquellas personas que quieran constituir una cartera de largo plazo pensando en los dividendos, pues con estas operativas no pretendemos comprar las acciones, sino que expiren en la fecha de vencimiento sin valor, o incluso que cerremos las operaciones con antelación para maximizar el beneficio de las primas. Cada operación se desarrolla comprando o vendiendo la correcta composición de opciones Call y Put. Se podría decir que son operaciones combinadas ya que es necesario operar con varias opciones a la vez para poder crear dichas composiciones.

Straddle Comprado

La idea principal de esta estrategia es ganar dinero independientemente de la dirección (al alza o a la baja) que tome el mercado. Es decir, nos permitirá con un riesgo bajo o limitado, rentabilizar la inversión sin tener que adivinar lo que hará el subyacente sobre el que operemos.

Desarrollo: Compraremos una Call y una Put con el mismo precio de strike y misma fecha de vencimiento.

Pérdida: La pérdida máxima será el importe que hayamos desembolsado por el pago de ambas primas. Por ello, la pérdida siempre estará limitada.

Beneficio: El beneficio es ilimitado independientemente de que el precio suba o baje. No obstante, no se entrará en beneficios hasta que el precio se haya movido lo suficiente como para cubrir el desembolso realizado por el pago de las primas.

Ejemplo: Compramos una Call (pago prima de 0,55€) y una Put (pago prima 0,45€) sobre Inditex con strike 23€ y fecha de vencimiento 22 de Diciembre de 2021. Como la suma de las primas totales es de 1€ por acción, empezaremos a ganar dinero siempre que el precio de Inditex se aleje a vencimiento 1€ por arriba o por abajo del precio de strike de 23€.

En esta estrategia estamos especulando a que el precio se moverá fuertemente en cualquier dirección y lo suficiente como para cubrir el coste de ambas primas y entrar en beneficios.

Straddle Vendido

La finalidad de esta estrategia es aprovechar los periodos de poca volatilidad que ofrece el mercado y apostar a que los precios permanecerán dentro de un estrecho rango hasta la fecha de vencimiento. Esta operación puede ser recomendable cuando consideremos que el mercado o algunas empresas en concreto van a estar tranquilas y con poca actividad.

Desarrollo: Venderemos una Call y una Put con el mismo precio de strike y misma fecha de vencimiento.

Pérdida: La pérdida en el Straddle vendido es ilimitada tanto al alza como a la baja del precio del subyacente. Como hemos adquirido obligaciones de compra y de venta (venta de Put y venta de Call), podría ocurrir que el comprador ejerza una de ellas. Por ello puede obligarnos a comprar las acciones a un precio superior al del mercado si éste ha caído o a venderlas a un precio inferior al del mercado si éste ha subido, en este caso, tendríamos que comprarlas a mercado al precio que estuviesen para cumplir con el compromiso y poder entregárselas.

Beneficio: En esta operación, el beneficio estará limitado al ingreso que recibamos en concepto de primas por las dos opciones (Put y Call) vendidas.

Ejemplo: Vendemos una Call (ingreso prima de 0,55€) y una Put (ingreso prima 0,45€) sobre Inditex con strike 23€ y fecha de vencimiento 22 de Diciembre de 2021. Como la suma de las primas totales es de 1€ por acción, ese será nuestro máximo beneficio y empezaremos a perder dinero siempre que el precio de Inditex se aleje a vencimiento 1€ por arriba o por abajo del precio de strike de 23€.

En esta estrategia estamos especulando a que el precio no se saldrá del rango que cubre la prima ingresada y será así como busquemos el beneficio. Se podría consultar cuáles son las acciones que experimentan una menor variación de precios para operar con ellas.

Strangle Comprado

Al igual que con el Straddle, la finalidad de esta estrategia es ganar dinero independientemente de la dirección (al alza o a la baja) que tome el mercado. Es decir, nos permitirá con un riesgo bajo o limitado, rentabilizar la inversión sin tener que adivinar lo que hará el subyacente sobre el que operemos. No obstante, la diferencia con el Straddle reside en que se consigue reducir el coste de la estrategia, es decir, el desembolso de las primas por las opciones compradas, pero en su contra, el rango de precio en que se incurriría en la máxima perdida posible se incrementa.

Desarrollo: Compraremos una Call y una Put con distinto precio de strike siendo el de la Call mayor que el de la Put y misma fecha de vencimiento.

Pérdida: La pérdida máxima será el importe que hayamos desembolsado por el pago de ambas primas. Por ello, la pérdida siempre estará limitada pero se perderá todo el dinero de ambas primas si el precio se encuentra en el rango entre ambos strikes.

Beneficio: El beneficio es ilimitado independientemente de que el precio suba o baje. No obstante, no se entrará en beneficios hasta que el precio se haya movido lo suficiente como para cubrir el desembolso realizado por el pago de las primas.

Ejemplo: Compramos una Call (pago prima de 0,55€) y una Put (pago prima 0,25€) sobre Inditex con strike 23€ para la Call y 22€ para la Put y fecha de vencimiento 22 de Diciembre de 2021. Como la suma de las primas totales es de 0,80€ por acción, empezaremos a ganar dinero siempre que el precio de Inditex se aleje a vencimiento 0,80€ por arriba del strike de 23€ o por abajo del precio de strike de 22€.

En esta estrategia estamos especulando a que el precio se moverá fuertemente en cualquier dirección y lo suficiente como para cubrir el coste de ambas primas y entrar en beneficios.

Strangle Vendido

Como ocurría con el straddle, el objetivo de esta estrategia es aprovechar los periodos de poca volatilidad que ofrece el mercado y apostar a que los precios permanecerán dentro de un estrecho rango hasta la fecha de vencimiento. Esta operación puede ser recomendable cuando consideremos que el mercado o algunas empresas en concreto van a estar tranquilas y con poca actividad. La diferencia respecto al Straddle, es que se reduce el importe de la prima a ingresar, no obstante, se alarga el rango de precios en que se consigue el máximo de beneficio de las primas.

Desarrollo: Venderemos una Call y una Put con distinto precio de strike siendo el de la Call mayor que el de la Put y misma fecha de vencimiento.

Pérdida: La pérdida en el Strangle vendido es ilimitada tanto al alza como a la baja del precio del subyacente. Como hemos adquirido obligaciones de compra y de venta (venta de Put y venta de Call), podría ocurrir que el comprador ejerza una de ellas. Por ello puede obligarnos a comprar las acciones a un precio superior al del mercado si éste ha caído o a venderlas a un precio inferior al del mercado si éste ha subido, en este caso, tendríamos que comprarlas a mercado al precio que estuviesen para cumplir con el compromiso y poder entregárselas.

Beneficio: En esta operación, el beneficio estará limitado al ingreso que recibamos en concepto de primas por las dos opciones (Put y Call) vendidas.

Ejemplo: Vendemos una Call (ingreso prima de 0,55€) y una Put (ingreso prima 0,25€) sobre Inditex con strike para la Call de 23€ y de 22€ para la Put con fecha de vencimiento para ambas de 22 de Diciembre de 2021. Como la suma de las primas totales es de 0,80€ por acción, ese será nuestro máximo beneficio y empezaremos a perder dinero siempre que el precio de Inditex se aleje a vencimiento 0,80€ por arriba de los 23€ del strike de la opción Call o por debajo del precio de strike de 22€ de la opción Put.

En esta estrategia estamos especulando a que el precio no se saldrá del rango que cubre la prima ingresada y será así como busquemos el beneficio. Conseguimos incrementar el rango de beneficio máximo a cambio de reducir el importe del mismo.

Strap Comprado

Lo que buscamos con esta estrategia es ganar dinero independientemente de la dirección (al alza o a la baja) que tome el mercado. Es decir, nos permitirá con un riesgo bajo o limitado, rentabilizar la inversión sin tener que adivinar lo que hará el subyacente sobre el que operemos, no obstante, se diferencia del Straddle en que asignamos una mayor confianza a que el movimiento será al alza. Por ello, la posición en Calls será el doble que en Puts

Desarrollo: Compraremos dos Call y una Put con el mismo precio de strike y misma fecha de vencimiento.

Pérdida: La pérdida máxima será el importe que hayamos desembolsado por el pago de las tres primas. Por ello, la pérdida siempre estará limitada.

Beneficio: El beneficio es ilimitado independientemente de que el precio suba o baje. No obstante, si el precio sube, el beneficio será el doble que si baja. No se entrará en beneficios hasta que el precio se haya movido lo suficiente como para cubrir el desembolso realizado por el pago de las primas de las tres opciones compradas.

Ejemplo: Compramos dos Call (pago prima de 0,55€ por cada una) y una Put (pago prima 0,45€) sobre Inditex con strike 23€ y fecha de vencimiento 22 de Diciembre de 2021. Como la suma de las primas totales es de 1,55€ por acción, empezaremos a ganar dinero siempre que el precio de Inditex se aleje a vencimiento 0,775€ (hay dos opciones Call) por arriba o 1,55€ por abajo del precio de strike de 23€.

En esta estrategia estamos especulando a que el precio se moverá fuertemente en cualquier dirección pero creemos que puede haber una mayor probabilidad de que lo haga hacia arriba en vez de hacia abajo, por ello doblamos nuestra posición en esa dirección respecto a la inversa. El precio debe variar lo suficiente como para cubrir el coste de las primas y entrar en beneficios.

Strap Vendido

Como ocurría con el straddle, el objetivo de esta estrategia es aprovechar los periodos de poca volatilidad que ofrece el mercado y apostar a que los precios permanecerán casi sin variación hasta vencimiento. Esta operación puede ser recomendable cuando consideremos que el mercado o algunas empresas en concreto van a estar tranquila y con poca actividad. La diferencia respecto al Strap comprado, es que asignamos una mayor probabilidad a que el precio caerá en vez de subir y por ello, doblaremos nuestra posición en este sentido

Desarrollo: Venderemos dos Call y una Put con mismo precio de strike y misma fecha de vencimiento.

Pérdida: La pérdida en el Strap vendido es ilimitada tanto al alza como a la baja del precio del subyacente, no obstante, será el doble si el precio va al alza en vez de a la baja. Como hemos adquirido obligaciones de compra y de venta (venta de Put y venta de Call), podría ocurrir que el comprador ejerza una de ellas.

Por ello puede obligarnos a comprar las acciones a un precio superior al del mercado si éste ha caído o a venderlas a un precio inferior al del mercado si éste ha subido, en este caso, tendríamos que comprarlas a mercado al precio que estuviesen para cumplir con el compromiso y poder entregárselas.

Beneficio: En esta operación, el beneficio estará limitado al ingreso que recibamos en concepto de primas por las tres opciones (Put y dos Call) vendidas.

Ejemplo: Vendemos dos Call (ingreso prima de 0,55€) y una Put (ingreso prima 0,25€) sobre Inditex con strike de 23€ con fecha de vencimiento para ambas de 22 de Diciembre de 2021. Como la suma de las primas totales es de 1,35€ por acción, ese será nuestro máximo beneficio y empezaremos a perder dinero siempre que el precio de Inditex se aleje a vencimiento 0,675€ por arriba de los 23€ del strike o 1,35€ por abajo del strike. Hay que tener en cuenta que al abrir el doble de posiciones en Call, que en Put, la pérdida será mayor si el precio sigue dicho sentido.

Strip Comprado

Igual que con el Strap comprado, lo que esperamos con esta estrategia es ganar dinero independientemente de la dirección (al alza o a la baja) que tome el mercado. Es decir, nos permitirá con un riesgo bajo o limitado, rentabilizar la inversión sin tener que adivinar lo que hará el subyacente sobre el que operemos, no obstante, se diferencia de su antecesor en que asignamos una mayor confianza a que el movimiento será a la baja. Por ello, la posición en Calls será la mitad que en Puts

<u>Desarrollo</u>: Compraremos una Call y dos Put con el mismo precio de strike y misma fecha de vencimiento.

<u>Pérdida</u>: La pérdida máxima será el importe que hayamos desembolsado por el pago de las tres primas. Por ello, la pérdida siempre estará limitada.

<u>Beneficio</u>: El beneficio es ilimitado independientemente de que el precio suba o baje. No obstante, si el precio baja del strike, el beneficio será el doble que si sube. No se entrará en beneficios hasta que el precio se haya movido lo suficiente como para cubrir el desembolso realizado por el pago de las primas de las tres opciones compradas.

<u>Ejemplo</u>: Compramos una Call (pago prima de 0,55€) y dos Put (pago prima 0,45€ por cada una) sobre Inditex con strike 23€ y fecha de vencimiento 22 de Diciembre de 2021. Como la suma de las primas totales es de 1,45€ por

acción, empezaremos a ganar dinero siempre que el precio de Inditex se aleje a vencimiento 1,45€ por arriba o 0,725€ (hay dos opciones Put) por abajo del precio de strike de 23€.

En esta estrategia estamos especulando a que el precio se moverá fuertemente en cualquier dirección pero creemos que puede haber una mayor probabilidad de que lo haga hacia abajo en vez de hacia arriba, por ello doblamos nuestra posición en esa dirección respecto a la inversa. El precio debe variar lo suficiente como para cubrir el coste de las primas y entrar en beneficios.

Strip Vendido

Como ocurría con el Strap, el objetivo de esta estrategia es aprovechar los periodos de poca volatilidad que ofrece el mercado y apostar a que los precios permanecerán casi sin variación hasta vencimiento. Esta operación puede ser recomendable cuando consideremos que el mercado o algunas empresas en concreto van a estar tranquilas y con poca actividad. La diferencia respecto al Strap, es que asignamos una mayor probabilidad a que el precio suba en vez de bajar y por ello, doblaremos nuestra posición en este sentido

Desarrollo: Venderemos una Call y dos Put con mismo precio de strike y misma fecha de vencimiento.

Pérdida: La pérdida en el Strip vendido es ilimitada tanto al alza como a la baja del precio del subyacente, no obstante será el doble si el precio va a la baja en vez de al alza. Como hemos adquirido obligaciones de compra y de venta (venta de dos Put y venta de una Call), podría ocurrir que el comprador ejerza una de ellas. Por ello puede obligarnos a comprar las acciones a un precio superior al del mercado si éste ha caído o a venderlas a un precio inferior al del mercado si éste ha subido, en este caso, tendríamos que comprarlas a mercado al precio que estuviesen para cumplir con el compromiso y poder entregárselas.

Beneficio: En esta operación, el beneficio estará limitado al ingreso que recibamos en concepto de primas por las tres opciones (dos Put y una Call) vendidas.

Ejemplo: Vendemos una Call (ingreso prima de 0,55€) y dos Put (ingreso prima 0,25€) sobre Inditex con strike de 23€ con fecha de vencimiento para ambas de 22 de Diciembre de 2021. Como la suma de las primas totales es de 1,05€ por acción, ese será nuestro máximo beneficio y empezaremos a perder dinero siempre que el precio de Inditex se aleje a vencimiento 1,05€ por arriba de los 23€ del strike o 0,525€ (hay 2 Put vendidas) por abajo del strike. Hay que tener en cuenta que al abrir el doble de posiciones en Put, que en Call, la

pérdida será mayor si el precio sigue dicho
sentido.

Mariposa Comprada

La mariposa comprada es una estrategia que se
desarrolla cuando consideramos que habrá un
mercado lateral o de poco movimiento. Es una
estrategia más complicada que las anteriores
puesto que lleva una mayor combinación de
opciones, por lo que no es la mejor propuesta
para aquellos que se inician en el mundo de las
opciones.

Desarrollo: Compraremos una Call con un
precio de strike (A), a continuación, vendemos
dos Call con precio de strike (B) superior al de
la Call comprada y finalmente compramos otra
Call (C) con un precio de strike aun superior a
las dos Call vendidas. Las tres operaciones
tendrán la misma fecha de vencimiento. La
idea es que podamos sufragar el coste o parte
del mismo de la compra de las opciones Call
con las primas ingresadas por la venta de las
dos opciones Call.

Pérdida: La pérdida máxima será el importe
que hayamos desembolsado por el pago de las
primas correspondientes a las dos opciones
Call compradas. Por ello, la pérdida siempre
estará limitada.

Beneficio: El beneficio es en este caso está limitado siendo el máximo ingreso posible el punto donde se encuentra el strike de la venta de las dos opciones Call. También se conseguirán beneficios aunque más reducidos si a vencimiento el precio de la acción se encuentra entre los strikes de la primera Call comprada y las dos opciones vendidas (entre A-B) o entre los strike de las dos opciones vendidas y la última Call comprada (B-C)

Ejemplo: Compramos una Call (pago prima de 0,65€) con strike 23€, vendemos dos Call (ingreso prima 0,6€ por cada una) con strike 24€ y compramos una segunda Call (pago de prima 0,40€) con strike 25€, todas sobre Inditex y fecha de vencimiento 22 de Diciembre de 2021. Por un lado tenemos que el dinero desembolsado por las Call compradas es de 1,05€ (0,65€ + 0,40€) y por otro lado, el dinero ingresado por las dos Call vendidas es de 1,2€ (0,6€ x 2 opciones).

El beneficio máximo estará en 24€ ya que nuestro beneficio será la diferencia de primas 0,15€ por acción (1,2€ - 1,05€) más la diferencia de comprar a 23€ las acciones (de la Call comprada a 23€) y venderlas a 24€, 1€ por acción. La Call comprada a 25€, expiraría sin beneficio. Entre 23 y 24€, el beneficio es menor, pues aunque los 0,15€ del ingreso de prima es fijo, las acciones compradas con la Call de 23€, podremos venderlas a un menor precio. Entre 24 y 25€, el beneficio será menor, pues aunque ganaremos más con la Call comprada a 23€, tendremos que comprar a mercado las acciones correspondientes a las dos Call vendidas con strike 24 para entregarlas y en esta operación, perderíamos la diferencia entre la compra de las acciones a mercado y venta de las acciones al entregarlas con la Put.

Por debajo de 23€, el beneficio se limita solo a la diferencia de primas y por encima de 25€, lo que se gana por las Call compradas a 23 y 25€, se pierde con las Call vendidas a 24€.

Mariposa Vendida

La mariposa vendida es una estrategia que se basa en la combinación de varias opciones para apostar que el mercado se moverá bruscamente en un sentido o en otro, es decir, al contrario que en la mariposa comprada, no se quedará lateral o estancado.

Desarrollo: Venta de una Call con un precio de strike (A), a continuación, compramos dos Call con precio de strike (B) superior al de la Call comprada y finalmente vendemos otra Call (C) con un precio de strike aun superior a las dos Call compradas. Las tres operaciones tendrán la misma fecha de vencimiento. La idea es que podamos sufragar el coste o parte del mismo de la compra de las opciones Call con las primas ingresadas por la venta de las dos opciones Call.

Pérdida: La pérdida en esta estrategia estará limitada al igual que en la Mariposa comprada, se alcanzará el máximo importe de pérdida en el strike de la compra de las dos Call (B).

Beneficio: El beneficio en este caso está limitado a la prima recibida por la venta de opciones y se conseguirá en su totalidad cuando el precio de la acción se encuentre fuera del rango de los strikes (A-C)

Ejemplo: Vendemos una Call (ingreso prima de 0,65€) con strike 23€, compramos dos Call (pago prima 0,5€ por cada una) con strike 24€ y vendemos una segunda Call (ingreso de prima 0,60€) con strike 25€, todas sobre Inditex y fecha de vencimiento 22 de Diciembre de 2021. Como indicaba al principio de la estrategia, el beneficio se dará siempre que el precio de strike esté fuera de 23-25€. Si el precio queda por encima de 25€, las Call vendidas se contrarrestarán con las dos Call compradas, de forma que el beneficio sería la diferencia de primas. Si el precio de strike queda por debajo de 23€, las opciones vendidas no se ejercerán y tampoco te interesará ejercer las compradas por lo que el beneficio se basará en la diferencia de primas ingresadas.

"Si existe algo en la especulación que requiere coraje y fuerza de voluntad, es vender acciones a altos precios. Teóricamente, es igual de sencillo lanzar una orden de compra que de venta. Sin embargo, en la práctica, el 99% de los especuladores encuentran mucho más difícil la venta que la compra"

R.W. McNeel

33. Haz crecer el modelo hasta que se retroalimente.

Todos los inicios son duros, estoy seguro de que preferirías gastar el dinero que tanto esfuerzo te cuesta ganar en otras cosas más placenteras, en salir a tomar algo con los amigos, en comprarte un coche o ropa nueva, no obstante, cuanto más sacrifiques al principio, antes acabarás de aportar dinero al sistema y más cómodo, relajado y feliz vivirás. Si tuviese que dividir en fases la evolución de nuestro sistema de inversión para alcanzar la libertad financiera creo que quedaría algo así:

Período nº 1: Los inicios. Durante los primeros años destinaremos el máximo capital posible al sistema, haremos aportaciones de nuestro sueldo hasta que el sistema, por lo menos, sea capaz de generar 6.000€ al año netos en retornos. Estos son los años más duros, pues estás aportando dinero y solo lo ves crecer en tu cuenta del broker, no en tu bolsillo. Si tienes la suerte de conseguir trabajo nada más graduarte, intenta aportar dinero de forma masiva hasta que alcances los 30 años. A la vez, vas a ir formándote, leyendo cosas sobre bolsa y experimentando con el mercado, conociendo empresas, detectando oportunidades, etc.

Período nº2: Piloto automático. Durante este período, el sistema debe ir en piloto automático y retroalimentarse solo, tú debes ser quien detecte las oportunidades del mercado y las ejecute, pero el sistema será quien aporta el dinero. En este punto, debes estar, al menos, generando unos 6.000€ al año netos y ya no aportar nada al sistema (esta parte es para la mayoría de la gente, si tienes la oportunidad de tener un gran sueldo que te permita seguir aportando dinero al sistema aunque sea una menor cantidad que en el primer período, mucho mejor). Serán los dividendos de las acciones que tengas en cartera y las primas de las ventas de opciones las que te generen ese dinero que hará crecer el sistema. Lo ideal, sería que esos 6.000€ o más que puedas estar generando automáticamente, los utilices para comprar nuevas acciones que paguen dividendos y esas acciones te sirvan de garantía para seguir vendiendo opciones.

Período nº3: Tu turno. Disfruta, que te lo has ganado. En este momento, debes estar ganando suficiente dinero en ingresos pasivos para poder permitirte retirarte si lo quisieses. Aquí llega tu turno y tú decides, puedes seguir trabajando si te apetece a la vez que ingresas dinero suficiente por medio de tu sistema de inversión, o puedes retirarte del todo, si no te convence, puedes buscar un hobby e intentar monetizarlo, te mantendrá ocupado y a la vez te sentirás satisfecho ganando algo de dinero extra, o incluso podrías buscar un trabajo a tiempo parcial. En definitiva, los deberes están hechos e independientemente de lo que decidas hacer, eres tú quien tiene ese poder de decisión. ¿Qué a qué edad habrás alcanzado la meta? Depende de la cantidad de dinero aportada durante el primer período y el tiempo que hayas estado aportando, lo bueno, es que el objetivo te lo marcas tú. La meta, se puede acercar en base a dos variables, aumentando la cantidad de dinero aportado al sistema o reduciendo tus gastos de vida. Mi consejo, una combinación de ambos, reduce los gastos verdaderamente innecesarios o mejor dicho, optimízalos, cambia de compañías de servicio como internet, electricidad etc. Y a la vez, disfruta de la vida y date los caprichos que puedas permitirte ya que te los mereces.

Ahora que ya tienes claras las tres fases en las que se desarrolla el sistema de inversión, volvamos al punto de hacerlo crecer y que se retroalimente sin tener que hacer aportaciones extra de dinero, recuerda que el objetivo es alcanzar lo antes posible el punto en el que el sistema te de dinero en vez de dárselo tú a él y que, además, vaya en piloto automático aumentando los ingresos que genera año tras año.

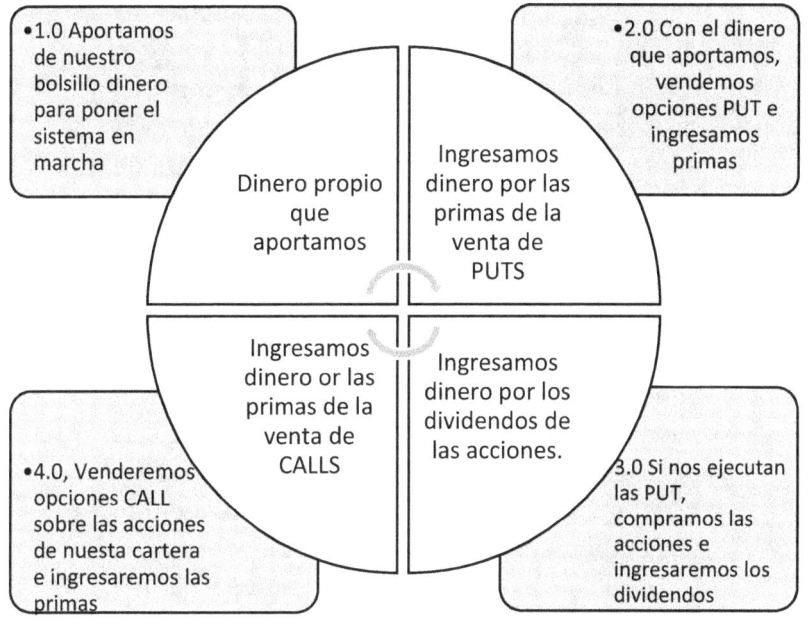

En el gráfico superior, vemos las cuatro formas de ingreso posibles para hacer crecer nuestro sistema en busca de la libertad financiera. Como te he explicado antes, la idea es que una vez superado el primer período, el cuadrante número uno desaparezca y solo queden tres vías de ingreso ya que dejaremos de aportar dinero de nuestro bolsillo, el sistema será autosuficiente. Tienes que ver el método como una gran bola de nieve rodando ladera abajo, cada vez coge más nieve y se hace más grande.

Con el sistema de inversión ocurre lo mismo, vendemos opciones sobre acciones que queramos tener en cartera e ingresamos las primas al momento de venderlas, nuestro dinero en efectivo que está en la cuenta del broker ya ha aumentado, pues tenemos la aportación inicial más la prima de la venta de las opciones. Aunque irás aportando dinero al broker mes a mes o cada período que consideres, (hay quien prefiere transferir dinero cada mes, otros cada trimestre y otros lo acumulan en el banco y lo transfieren cuando van a realizar alguna operación). Una vez alcanzada la fecha de vencimiento de las opciones ocurrirán dos cosas; que no te ejecuten las opciones PUT que habías vendido y sigas teniendo todo el dinero disponible, en este caso, deberías volver a buscar alguna operación interesante sobre la que vender opciones PUT, busca empresas que te gustaría incorporar a tu cartera y que por medio de las venta de opciones PUT, puedas comprar al menos con un descuento del 10%. Si por el contrario te han ejecutado las opciones que vendiste, habrás incorporado a tu cartera las acciones y habrás reducido tu posición de liquidez. Ahora estás en el tercer cuadrante del gráfico superior, por lo tanto, ya tienes dos vías de ingresos, las primas de opciones que seguirás ingresando con la venta de PUTS y los dividendos que te pagarán las acciones que has incorporado a tu cartera. Seguirás vendiendo opciones PUT, ingresando primas e incorporando acciones a tu cartera que te paguen dividendos y cuando veas oportunidad, venderás opciones CALL sobre algunas acciones que tengas en cartera. Aquí decidirás si quieres venderlas a un precio que sea más fácil que te ejecuten y te las quiten o si prefieres seguir manteniéndolas (recuerda que es vital para eliminar el riesgo, tenerlas en cartera, de lo contrario, estarás especulando, pues tendrías que comprarlas a mercado si te ejecutan y nadie sabe cuál puede ser el precio de mercado, ¿Un 10% más alto, un 30% más alto o un 200%?) de esta forma, estarás ya en el cuadrante número cuatro y tu sistema estará ingresando dinero tal y como te decía al principio, por cuatro vías distintas.

Como ves, la operativa es realmente sencilla, la mayor complicación puedes tenerla para detectar empresas a buen precio, este punto es muy subjetivo pues cuanto más barata esté una empresa, mejor será el precio. Todos preferimos comprar Enagás a 20€ en vez de a 24€, de eso no hay duda. No obstante, no te preocupes por el precio de los demás, busca tu precio, el precio al que te sientes seguro y confiado comprando las acciones. Si eres un inversor que invierte a largo plazo, vas a ver la acción con casi toda seguridad, estar por debajo y por encima de ese precio, y si todo va bien y la empresa se mantiene, verás tu inversión recuperada por medio de dividendos a lo largo de los años. Si tienes la mentalidad de invertir vía dividendos, entonces el precio no es tan importante. Te voy a poner un ejemplo que utilizo yo siempre. Imagina que quieres comprar acciones del Banco Santander, el precio actual es 5€ y paga 0,2€ de dividendo bruto lo cual nos deja una rentabilidad por dividendo bruta del 4%. ¿Cuánto variará la rentabilidad por dividendos si compramos las acciones un 10% más baratas? Digamos por ejemplo a 4,5€. Los mismos 0,2€ al dividirlos ahora sobre 4,5€ nos darán una rentabilidad bruta del 4,4%. A principio, a mí no me paree una gran diferencia de rentabilidad, sobre un ingreso en dividendos de por ejemplo 500€, sería ingresar 20€ más al año y por esperar esa caída del 10% en el precio, puede que perdamos la oportunidad de hacernos con una empresa a buen precio. Lo importante es que tengas claro que cantidad mínima deseas ingresar como dividendo, qué porcentaje, a partir de ahí, estudiar oportunidades. Por supuesto que CIE Automotive es de las mejores empresas del Ibex 35 por ejemplo, no obstante, a los precios que está (no quiero decir con esto que esté cara) no me parece interesante tenerla en cartera, pues su rentabilidad por dividendo a la hora de escribir el libro, no supera el 2,5%, esta cantidad. Insisto, por muy buena que sea la empresa, no me parece suficiente. Por ejemplo, Mediaset a 6,65€ que cotiza hoy mismo, da un dividendo superior al 8%, aunque pueda ser peor empresa o peor negocio que CIE Automotive, es una rentabilidad que me parece interesante. Si voy a tener mi dinero invertido en una empresa durante años, independientemente de otros factores, quiero que me remunere como es debido y si encima la empresa recompra acciones, mejor que mejor. ¿Recompran acciones? Aunque en la bolsa española no es muy habitual, algunas empresas compran sus propias acciones cada año, de esa forma, al reducir el número de acciones en circulación, aumentan el beneficio por acción y por consiguiente, el dividendo por acción, incluso a pesar de que el beneficio haya sido menor respecto al del año anterior.

"La volatilidad de los mercados puede ser una ventaja para los inversores de largo plazo"

Burton G. Malkiel

34. Hora de despedirse y pasar a la acción.

Hemos llegado al final del libro, deseo que te haya gustado, que haya sido una lectura amena y te haya empujado a interesarte por las opciones financieras como instrumento de inversión. Ese es el objetivo único y principal del libro. Podría haberlo alargado más, haberle dado mil vueltas a los mismos puntos como hacen otros lectores y haber sacado otras cien páginas. No obstante, reconozco que la bolsa y las opciones, puede ser un tema que resulte complicado o aburrido para cualquier persona que se inicie en este mundo, por ello, he decidido priorizar la calidad sobre la cantidad de páginas, ir directamente al meollo del asunto y escribir un libro que puedas leerte en un fin de semana y pasar a invertir el lunes mismo. En estas poco más de cien páginas, se condensa toda la información que necesitas para invertir con opciones, no es más complicado que invertir vida acciones y, seguro que conoces a muchas personas que ya han invertido en acciones alguna vez.

Desde la propia experiencia, puedo decirte que la operativa con opciones es muy rentable y, además, operando con conocimiento, más segura que la bolsa tradicional que casi todo el mundo conoce. El secreto para alcanzar el éxito la operativa, pasa por escoger empresas que el mercado está valorando por debajo de su valor real pero que tendrán un buen desempeño en los años venideros. También es de vital importancia llevar un control exhaustivo de tu liquidez y saber dónde están tus límites. No corras detrás del precio, perder una oportunidad es mucho mejor que realizar una operación mal estudiada, con prisas y sin un motivo de fondo. Oportunidades hay muchas a lo largo del año.

Otro consejo que puedo darte desde mi experiencia, es que si vendes Puts, intentes hacerlo a principio de año, pues te estarán pagando casi más parte de la prima por el tiempo, que por el valor del subyacente. Hay veces, que se crean escenarios idílicos para la operativa, como fue enero de este año 2019 tras un final de 2018 en que las acciones habían caído alrededor de un 15%.

Es importante que intentes automatizar tu sistema lo antes posible, si por edad o condición laboral tienes la ventaja de poder aportar grandes cantidades de dinero a tu sistema de inversión, hazlo, no tengas miedo, cuanto más dinero aportes al principio, más pronto se retroalimentará y podrás pasar de aportar dinero a recogerlo. Márcate unos objetivos anuales e intenta alcanzarlos. En mi caso, por ejemplo, mi objetivo para los próximos cuatro años, pasa por aportar doce mil euros a mi sistema de inversión, de éstos, que al menos la mitad venga de reinversión de dividendos y primas de opciones, es decir, máximo seis mil euros de mi trabajo. Aumentar el dividendo neto que recibo, en al menos seiscientos euros al año y que la primas ingresadas, estén en el entorno de los cuatro mil euros sin sobrepasar vencimientos de quince mil o dieciséis mil euros. Como ves, es casi mayor el trabajo de planificación que de ejecución, pero una vez hecho, de verdad marca la diferencia entre una operativa rentable, o una muy rentable.

Llegado este punto, solo puedo animarte a que pases a la acción. Si ya inviertes, coge la cuenta de tu broker, ve al menú opciones, echa un vistazo y realiza tu primera operación. No busques que sea la más rentable y tampoco una gran operación, es la primera, rompe el hielo, cógele el gustillo y conviértelo en una rutina.

Si estás apunto de realizar tu primera incursión en el fascinante mundo de la bolsa, te invito a que lo hagas vía opciones. No se me ocurre forma más segura que aprovechar la venta de Puts para comprar unas acciones con descuento, aporta la liquidez suficiente a la cuenta de tu broker para que en caso de que te ejecuten la opción y te obliguen a comprar las acciones, puedas quedártelas sin sobresaltos.

En cualquier caso, observa en qué situación se encuentra el mercado y qué empresas o sectores son interesantes. En el momento de escribir estas líneas, me encuentro apostando fuerte por el sector bancario, pues creo que a partir del año 2020, algunos bancos españoles pueden dar muchas alegrías. Lo mismo opino del sector eléctrico, creo que es el futuro y, aunque ahora mismo las empresas de dicho sector cotizan caras, hay que vigilarlas por lo que pueda pasar. El mercado es cambiante, y en el momento que leas este libro, seguro que hay grandes oportunidades esperándote, aprovéchalas sin miedo, estás preparado para operar.

Por último, te invito a que sigas mi operativa, análisis y podamos intercambiar opiniones con otros lectores en mi modesto blog.

https://independizatedetunomina.wordpress.com

"El verdadero inversor es aquel que desea que las acciones que lleva de una empresa bajen, para poder comprarlas más baratas"

Warren Buffett

www.ingramcontent.com/pod-product-compliance
Lightning Source LLC
Chambersburg PA
CBHW071255220526
45468CB00001B/142